上海保障性租赁住房发展研究

严 荣 张黎莉 等 著

中国建筑工业出版社

图书在版编目（CIP）数据

上海保障性租赁住房发展研究/严荣等著. —北京：中国建筑工业出版社，2023.12
ISBN 978-7-112-29484-8

Ⅰ.①上… Ⅱ.①严… Ⅲ.①城市—保障性住房—发展—研究—上海 Ⅳ.①F299.275.1

中国国家版本馆CIP数据核字（2023）第249482号

责任编辑：毕凤鸣
责任校对：张 颖

上海保障性租赁住房发展研究
严 荣 张黎莉 等 著

*

中国建筑工业出版社出版、发行（北京海淀三里河路9号）
各地新华书店、建筑书店经销
北京建筑工业印刷有限公司制版
北京君升印刷有限公司印刷

*

开本：787毫米×1092毫米 1/16 印张：13 字数：185千字
2023年12月第一版 2023年12月第一次印刷
定价：**70.00**元
ISBN 978-7-112-29484-8
（42230）

版权所有 翻印必究
如有内容及印装质量问题，请联系本社读者服务中心退换
电话：（010）58337283 QQ：2885381756
（地址：北京海淀三里河路9号中国建筑工业出版社604室 邮政编码：100037）

目 录

引言 1

第一章　导论 4

第一节　研究背景和意义 4

第二节　相关概念界定 6

　　一、保障性租赁住房 6

　　二、新市民 7

　　三、青年人 10

　　四、人才 11

第三节　国内外研究综述 13

　　一、国外保障性租赁住房的研究综述 13

　　二、国内保障性租赁住房的研究综述 20

　　三、国内外相关研究评述 27

第四节　一手数据来源简要说明 28

　　一、调查数据1：新市民、青年人的居住现状和保障性租赁住房
　　　　需求影响因素研究 28

　　二、调查数据2：新市民、青年人中保障性租赁住房潜在供应
　　　　对象的租住需求特征研究 28

　　三、调查数据3：一线工作人员的保障性租赁住房需求研究 29

III

四、调查数据 4：重点产业人才的保障性租赁住房问题研究 ·················· 29

第二章　理论依据与研究思路 ·················· 30

第一节　理论依据 ·················· 30

　　一、需求层次理论 ·················· 30

　　二、社会保障理论 ·················· 31

　　三、离散选择理论 ·················· 31

　　四、职住平衡理论 ·················· 32

　　五、空间自相关理论 ·················· 33

第二节　研究思路和内容框架 ·················· 34

第三章　保障性租赁住房发展历程和现状 ·················· 37

第一节　住房保障制度的发展历程 ·················· 37

　　一、国家住房保障制度的发展脉络 ·················· 37

　　二、上海住房保障制度的发展脉络 ·················· 46

第二节　上海保障性租赁住房发展现状 ·················· 55

　　一、上海保障性租赁住房发展历程 ·················· 55

　　二、上海保障性租赁住房发展现状与特征 ·················· 59

第四章　新市民、青年人的保障性租赁住房需求研究 ·················· 61

第一节　基本情况 ·················· 61

　　一、规模情况 ·················· 61

　　二、人口情况 ·················· 62

第二节　居住现状及住房需求 ·················· 63

　　一、住房来源 ·················· 63

　　二、居住痛点 ·················· 65

三、住房需求 ·· 67

第三节　保障性租赁住房需求影响因素分析 ································ 73

　　　一、变量定义与说明 ·· 74

　　　二、研究假设 ·· 75

　　　三、样本总体情况分析 ··· 77

　　　四、模型选择 ·· 79

　　　五、共线性和拟合度分析 ·· 79

　　　六、保障性租赁住房意愿影响因素分析 ····························· 80

　　　七、回归结果分析 ·· 82

第四节　保障性租赁住房政策需求分析 ······································ 84

　　　一、提高住房的可负担性 ·· 85

　　　二、持续优化房源供给 ··· 85

　　　三、优化完善政策的公平性和精准性 ································ 86

第五节　空间需求分析 ··· 87

　　　一、分析方法 ·· 87

　　　二、实证分析 ·· 87

　　　三、研究结论 ··· 101

第五章　一线工作人员的保障性租赁住房需求研究 ············ 103

第一节　引言 ·· 103

第二节　人群基本情况和住房需求 ··· 104

　　　一、人群特征 ·· 104

　　　二、居住现状 ·· 109

　　　三、住房需求 ·· 114

第三节　项目区位选址研究 ··· 117

　　　一、模型构建 ·· 118

V

二、实证分析 ·· 120

　　三、研究结论 ·· 123

第六章　重点产业人才的保障性租赁住房需求研究 ·············· 125

第一节　引言 ·· 125

第二节　重点产业人才居住现状分析 ·························· 126

　　一、样本总体情况分析 ······································ 126

　　二、居住现状分析 ·· 127

第三节　重点产业人才住房需求分析 ·························· 129

　　一、关于非保障类租赁住房的需求特征 ························ 129

　　二、关于保障类租赁住房的需求分析 ·························· 130

　　三、重点产业人才租赁政策需求 ······························ 138

第四节　保障性租赁住房租住意愿的影响因素研究 ·············· 139

　　一、变量选择 ·· 139

　　二、样本总体情况 ·· 140

　　三、模型设定 ·· 142

　　四、研究假设 ·· 143

　　五、影响因素分析 ·· 145

第七章　保障性租赁住房发展所面临的挑战 ···················· 150

第一节　全局层面面临的挑战 ································ 150

　　一、目标群体规模较大对提高政策精准性公平性带来挑战 ········ 150

　　二、目标群体存在的异质性对增强供需适配性带来挑战 ·········· 151

　　三、保障性租赁住房发展特征对加强各环节政策衔接带来挑战 ···· 151

第二节　规划建设环节面临的挑战 ···························· 152

　　一、资源紧约束和市场主体积极性不高对房源筹措规模持续扩大带来挑战 ······· 152

二、保障性租赁住房经济功能较弱对项目选址带来挑战 ·········· 153

　　三、项目成本具有的特殊性对金融产品创新带来挑战 ············ 153

　　四、保障性租赁住房具有的保障属性对融资模式创新带来挑战 ···· 154

第三节　管理服务环节面临的挑战 ··································· 155

　　一、保障性租赁住房租金定价的特点对平衡"租户可负担"和"企业可持续"带来挑战 ··· 155

　　二、保障性租赁住房稳定租期的特点对房源循环使用带来挑战 ···· 155

　　三、保障性租赁住房租户的特殊性对构建社区治理体系带来挑战 ·· 156

第八章　国内外经验借鉴 ··· 157

第一节　国外相关经验 ··· 157

　　一、鼓励和支持各类主体参与建设运营 ························ 157

　　二、基于不同区域住房市场发展情况实行差异化供应机制 ········ 158

　　三、建立综合考虑多种因素的差异化租金定价制度 ·············· 158

　　四、注重居住品质的提升 ···································· 159

　　五、探索与产权型保障房有机转化 ···························· 159

第二节　国内相关经验 ··· 160

　　一、探索多元化的房源筹集渠道 ······························ 160

　　二、持续优化运行机制 ······································ 163

　　三、不断完善配套政策 ······································ 165

第三节　启示 ··· 167

第九章　发展思路与对策建议 ··· 168

第一节　发展思路 ··· 168

第二节　关于规划的对策建议 ······································· 168

　　一、构建稳定的用地供应机制 ································ 168

VII

二、科学规划项目选址方案 ·· 169

　　三、合理安排房源供应规模和节奏 ·· 170

　　四、优化项目开发模式 ·· 170

第三节　关于建设的对策建议 ·· 171

　　一、优化审核流程和规划设计条件 ·· 171

　　二、完善产品设计和建设标准 ·· 172

　　三、畅通企业融资渠道 ·· 172

　　四、强化土地、税费等配套支持政策 ·· 173

第四节　关于管理的对策建议 ·· 174

　　一、房源分配兼顾精准性和公平性 ·· 174

　　二、确保合理的租金水平 ·· 175

　　三、促进项目可持续运营 ·· 175

　　四、提升精细化治理水平 ·· 176

第五节　关于服务的对策建议 ·· 176

　　一、完善配套资源 ·· 176

　　二、健全服务内容 ·· 177

　　三、加快数字化转型 ·· 177

附件一　新市民、青年人住房需求调查问卷 ·· 179

附件二　一线工作人员保障性租赁住房需求调查问卷 ································ 184

附件三　重点产业人才保障性租赁住房需求调查问卷 ································ 188

参考文献 ·· 193

引　言

改革开放以来，随着经济社会的不断发展，大量农业转移人口以及包括新毕业大学生在内的青年人进入大城市就业。这一人群成为城市建设和发展不可或缺的重要力量，然而，这些新市民、青年人由于自身存在收入偏低或阶段性住房支付能力相对较弱的情况，难以在大城市购买产权住房，往往只能通过租赁住房来解决住房问题。鉴于租赁住房供应长期以来是我国住房供应体系中的短板，随着城镇化进程的加速推进，大城市新市民、青年人存在较大住房困难的问题便逐渐显现，并成为我国住房领域的突出问题。

已有很多研究表明，流动人口在流入地大城市的居住状况会影响其城市融入度和留城意愿，最终影响市民化和新型城镇化进程。住房是人类赖以生存和发展的必需品，具有社会保障品属性。实施适度的住房保障，不仅能从长远和整体上促进经济稳定发展，而且还能提高社会凝聚力，促进社会和谐发展。对新市民、青年人而言，为他们提供住房保障，不仅可以为他们带来物质保障、安全保障，还可以带来尊重保障和发展保障，从而提高他们的归属感、促使社会秩序安定、体现社会关爱、实现社会公正，有利于提升他们的城市融入度和留城意愿，有利于加速他们的市民化以及我国的新型城镇化进程。针对新市民、青年人实际的住房困难，2021年6月24日，国务院办公厅印发《国务院办公厅关于加快发展保障性租赁住房的意见》（国办发〔2021〕22号），明确提出要以解决符合条件的新市民、青年人等群体的住房困难为主要对象发展保障性租赁住房，并提出了一系列精准度高、含金量大、操作性强的政策措施。

对于超大城市上海而言，解决好新市民、青年人的住房问题还是深入落实加快转变超大特大城市发展方式的重要举措。党的二十大报告指出，坚持人民城市人民建、人民城市为人民，提高城市规划、建设、治理水平，加快转变超大特大城市发展方式。推动超大特大城市发展转型是国家构建新发展格局的关键性战略举措，主要目的是推动超大特大城市从传统的规模扩张型的开发建设方式转变为内涵提升型。上海在国家发展全局中具有举足轻重的地位和作用，理应在转变超大特大城市发展方式上探索开路，为实现高质量发展作出更大贡献。然而，客观上说，生活和工作在上海的新市民、青年人群体，目前在居住方面仍面临较大的压力，特别是与房价和租金价格相比，新市民、青年人的支付能力相对偏弱，居住方面的支出以及居住的不稳定、职住的不平衡成为影响他们在上海实现高品质生活的重要因素，也削弱了上海对各类人才的吸引力，影响了上海的核心竞争力。发展保障性租赁住房，有助于降低居住成本、提高居住品质，为集聚各类创新要素、提高超大特大城市能级和核心竞争力提供支撑。因此，上海加快转变超大城市发展方式要"针对超大特大城市新市民、青年人多的特点，把建设保障性租赁住房放在更加突出位置"。

近年来，上海市房地产科学研究院课题组围绕保障性租赁住房发展开展了一系列研究。本书尝试从微观视角出发，以新市民、青年人的住房需求为视角，首先，从总体层面聚焦保障性租赁住房的主要供应对象——新市民、青年人，对其保障性租赁住房的需求及其影响因素等进行深入分析，探索其需求的特征以及影响其需求的关键因素；其次，考虑新市民、青年人群体的异质性，分别针对上海城市发展中不可或缺的，同时也是新市民、青年人重要组成部分的一线工作人员、重点产业人才的保障性租赁住房需求进行了深入研究；最后，结合保障性租赁住房发展的问题和挑战，借鉴国内外经验，提出了上海发展保障性租赁住房的总体思路和对策建议。通过从总体到细分群体的研究，以期深入了解上海保障性租赁住房的需求情况，从而为促进住房资源合理配置，实现保障性租赁住房供需平衡提供决策参考，同时也为其他超大城市特别是一线城市发展保障性租赁住房提供借鉴。

第一章 导　　论

第一节　研究背景和意义

住房是人类生存和发展的必需品,是满足人们美好生活需求的重要载体。住房问题不仅是民生问题,也是事关经济社会发展、社会稳定的关键问题。

改革开放以来,特别是党的十八大以来,我国住房保障和房地产市场发展都取得了举世瞩目的成绩(倪虹,2021),城镇人均住房建筑面积由1978年的6.7平方米提高到2020年的38.6平方米[①]。我国的住房制度改革改善了多数人的住房条件,但是,新市民、青年人在大城市的住房问题仍然比较突出。大城市住房价格普遍偏高,新市民、青年人由于自身存在收入偏低或阶段性住房支付能力相对较弱的情况,难以在大城市购买产权住房,往往只能通过租赁住房来解决住房问题,然而,随着城镇化进程的加速推进和流动人口规模的扩大,加之我国住房租赁市场发展相对滞后,新市民、青年人基本住房需求难以满足的问题便逐渐显现。总体而言,新市民、青年人往往面临租金负担重、职住不平衡、居住条件差、租赁关系不稳定等住房困境(张黎莉等,2021)。为解决这些既不符合公租房申请条件又无力购买共有产权住房和商品房的新市民、青年人的住房问题,2021年6月国务院办公厅正式发文要求加快发展保障性租赁住房。

---

① 央视网. 我国还处于城镇化快速发展时期 房地产业和建筑业仍大有可为[EB/OL].(2022-09-15). https://news.cctv.com/2022/09/15/ARTIfv8GXAnBpFUc4Wt4QL3n220915.shtml.

上海历届市委市政府都高度重视住房问题，指出住房问题是超大城市永恒的主题、也是永恒的难题。改革开放以来，上海国民经济持续健康发展，房地产市场和住房保障发展也取得了显著的成绩，人们的住房状况逐步实现从"忧居"向"有居""优居"转变。城镇住房总量从1990年的8901万平方米提高到2021年的7.29亿平方米[①]，增加了7.19倍。在这一时期，常住人口从1334万人提高到2489.43万人[②]，增加了0.86倍。住房总量增速远远大于人口增速。城镇居民人均住房建筑面积由2013年末的34.4平方米，提高到2021年末的37.46平方米[③]。与此同时，上海住房保障的覆盖面不断扩大，市民住房困难得到有效缓解，住房保障从保基本为主逐渐过渡到保基本和提高市民居住生活品质并重的新阶段。

加快发展保障性租赁住房，帮助新市民、青年人等群体缓解住房困难，促进解决好大城市住房突出问题，是党中央、国务院作出的重大决策部署，是"十四五"时期住房建设的重点任务（倪虹，2021）。上海作为全市常住人口将近2500万人的人口净流入城市，有必要把握好新市民和青年人的住房需求，以促进住房资源合理配置，实现保障性租赁住房供需平衡。因此，本书主要从微观视角出发，对上海新市民、青年人的保障性租赁住房需求及其影响因素等进行深入分析，探索其需求的特征以及影响其需求的关键因素，并结合宏观环境发展趋势和政策要求，为上海保障性租赁住房的发展提出对策建议，促使上海保障性租赁住房的建设和发展能更好地满足新市民、青年人的现实需求。

本书关于上海保障性租赁住房发展的研究具有一定的理论意义和现实意义。本书主要基于保障对象的需求开展研究，通过深入分析上海新市民、青年人对于保障性租赁住房的需求，结合保障性租赁住房发展的问题和挑战，

---

① 数据来自《2022年上海统计年鉴》。
② 数据来自《2022年上海统计年鉴》。
③ 数据来自历年上海市国民经济和社会发展统计公报。

借鉴国内外经验，提出上海发展保障性租赁住房的总体思路和对策建议。本研究不同于已有大多数主要集中在保障性租赁住房相关政策的解读、保障性租赁住房建设的意义以及对经济社会影响等方面的研究，因此，从理论意义上来讲，本书丰富了我国关于保障性租赁住房研究的相关内容；从现实意义上来讲，本书一方面能够为上海实现保障性租赁住房的供需匹配提供决策依据；另一方面，鉴于土地资源紧缺、人口净流入的超大城市，新市民、青年人对于保障性租赁住房的需求存在一定的共性问题，选择上海作为保障性租赁住房发展的研究对象，于其他超大城市特别是一线城市发展保障性租赁住房而言具有一定代表性和借鉴意义。

第二节　相关概念界定

一、保障性租赁住房

（一）基本概念

2020年10月，党的十九届五中全会通过的《中共中央关于制定国民经济和社会发展第十四个五年规划和二〇三五年远景目标的建议》明确指出，"扩大保障性租赁住房供给"，首次提出"保障性租赁住房"的概念。2021年6月，《国务院办公厅关于加快发展保障性租赁住房的意见》（国办发〔2021〕22号）提出"需加快完善以公租房、保障性租赁住房和共有产权住房为主体的住房保障体系"，并明确了保障性租赁住房由政府给予政策支持，充分发挥市场机制作用，引导多主体投资、多渠道供给，主要利用存量土地和房屋建设，适当利用新供应国有建设用地建设[①]，坚持小户型、低租金，主要解决符合条件的新市民、青年人等群体的住房困难问题。

---

① 新市民住房难题有了新解法[N].光明日报，2021-07-08.

（二）基本特征

保障性租赁住房作为住房保障体系的重要组成部分，与公租房、共有产权住房相比而言，保障性租赁住房在其供应对象、面积、租金、用地和建设方式等方面都体现出了鲜明的特征。

（1）主要面向新市民、青年人。保障性租赁住房主要解决符合条件的新市民、青年人等群体的住房困难问题，准入和退出的具体条件由城市人民政府结合实际确定①。

（2）小户型、低租金。以建筑面积不超过70平方米的小户型为主，租金低于同地段同品质市场租赁住房租金，小户型的具体面积由城市人民政府按照保基本的原则合理确定②。

（3）充分发挥市场机制作用，引导多方参与。保障性租赁住房由政府给予土地、财税、金融等政策支持，充分发挥市场机制作用，引导多主体投资、多渠道供给，积极运用市场化办法和手段实现保障目标③。

（4）主要利用存量土地和房屋建设。主要利用集体经营性建设用地、企事业单位自有闲置土地、产业园区配套用地和存量闲置房屋建设，适当利用新供应国有建设用地建设，并合理配套商业服务设施④。

二、新市民

国内学术界于1986年首次将进城务工人员称为"新市民"。进城务工人员的概念最早起源于江苏省南部，20世纪50年代"大跃进"后期，江苏省南部地区的农民由于地少人多而无法利用土地解决生计问题的原因，开始自办乡镇企业或进城打工，逐渐从农业转移到工业、城市建筑业和服务业等，

---

① 新市民住房难题有了新解法［N］．光明日报，2021-07-08．
② 国务院办公厅．国务院办公厅关于加快发展保障性租赁住房的意见［EB/OL］．（2021-07-02）［2023-08-23］．https://www.gov.cn/zhengce/zhengceku/2021/07/02/content_5622027.htm．
③ 新市民住房难题有了新解法［N］．光明日报，2021-07-08．
④ 新市民住房难题有了新解法［N］．光明日报，2021-07-08．

从而形成了早期的"进城务工人员"概念。随着改革开放的不断推进,进城打工的农民越来越多,逐渐成为城镇建设的主力军。然而,这些进城务工人员虽然长期生活在就业城市,但却不能获得所在城市的居民身份,在平等享受与市民同质的公共服务和社会福利方面较为困难,这不但会影响城镇经济的健康发展,而且会成为和谐社会建设的重要隐患[①]。吴克强、郑涛(1986)将城市外来的进城务工人员称为"新市民",并研究了杭州市进城青年务工人员的生活和思想,初步揭示了新市民在居住条件、用工待遇、合法保障、择偶婚姻和城市融入等方面存在的问题。随着城镇化进程的深入推进,出现了因城市扩张而失去耕地的农民,以及在城市工作的农家子弟,有学者先后把这些群体也纳入"新市民"范畴中,如,王光国(1999)把城市化过程中厦门曾厝和黄厝两村的失地农民称为"新市民";朱振亚等(2012)将具有中等或高等教育文凭且在城市工作的农家子弟群体也纳入了新市民的范畴。之后,又有学者把"新市民"的涵盖人群扩展至非农村户籍的城镇流动人口,如,刘学成(2014)认为新市民概念应该包括"流动新市民"与"农转非新市民",并将"新市民"界定为在城市居住半年以上的外来务工人员及城郊农转非人群;李长安、刘娜(2019)认为"新市民"包括户籍为非本地的进城务工农村流动人口和城镇流动人口;谢海生、李怡晴(2019)认为"新市民"是原籍不在城市,因工作或上学等原因来到所在城市的群体,主要包括进城务工人员和新就业大学生。

从中央和地方政府的官方文件来看,对"新市民"的关注最早可追溯至2001年《国务院批转公安部关于推进小城镇户籍管理制度改革意见的通知》(国发〔2001〕6号)。该文件明确对已在小城镇办理户口或自理口粮户口,并有合法固定住所、稳定职业或生活来源及与其共同居住生活的直系亲属的群体,根据本人意愿统一登记为城镇常住户口。随后,苏浙和广东等省

---

① 徐振强. 以"新市民"策略促进中小城市人口规模化集聚[EB/OL].(2016-01-07)[2023-08-23]. http://finance.china.com.cn/roll/20160107/3533221.shtml.

及多个地级市开始在政府管理层面研究制定对城镇外来人口的管理，如2003年无锡市将农业人口转为非农业人口的、城市外来暂住人口，以及一部分居住在开发区及"都市村庄"的在册农业人口纳入"准市民"范畴进行人口管理。2006年，青岛市政府将获得暂住证的外来务工人员称为"新市民"，并给予如保险、房贷、购车、子女入学等部分市民待遇。同年8月，西安市雁塔区《关于规范新市民称谓的通知》，将外来人口、进城务工人员、打工者等群体的称谓统一规范为"新市民"。2014年7月30日，时任总理李克强在国务院常务会上明确提出"新市民"一词，要求对于长期居住在城市并有相对固定工作的进城务工人员，要逐步让他们融为城市"新市民"，享受同样的基本公共服务，享有同等的权利①。2015年12月召开的中央政治局会议，要求推进以满足新市民为出发点的住房制度改革，扩大有效需求，稳定房地产市场，这是中央首次在文件中正式提出"新市民"称谓。此后，"新市民"陆续出现在官方文件中，所涵盖的群体也不断丰富。2017年6月，住房和城乡建设部、财政部、人民银行联合发布《全国住房公积金2017年年度报告》，该报告中提到的"新市民"包括农村转移人口和新毕业大学生。2021年3月公布的《中华人民共和国国民经济和社会发展第十四个五年规划和2035年远景目标纲要》中的"新市民"是指在城市稳定就业的务工人员及其他外来务工人员、新就业大专院校学生等常住人口②。2022年，国家发改委印发《2022年新型城镇化和城乡融合发展重点任务》，把"新市民"范畴扩展至"农业转移人口、新就业大学生等"③。2022年3月，《中国银保监会 中

---

① 李克强. 城市建设者应做城市"新市民"[EB/OL]. (2014-07-30) [2023-08-23]. https://www.gov.cn/xinwen/2014-07/30/content_2727281.htm.
② 中国政府网. 中华人民共和国国民经济和社会发展第十四个五年规划和2035年远景目标纲要[EB/OL]. (2021-03-13) [2023-08-23]. https://www.gov.cn/xinwen/2021-03/13/content_5592681.htm.
③ 国家发展和改革委员会. 2021年新型城镇化和城乡融合发展重点任务[EB/OL]. (2021-04-08) [2023-08-23]. https://www.ndrc.gov.cn/xxgk/zcfb/tz/202104/t20210413_1272200.html.

国人民银行关于加强新市民金融服务工作的通知》，进一步明确了"新市民"范畴："指因本人创业就业、子女上学、投靠子女等原因来到城镇常住，未获得当地户籍或获得当地户籍不满三年的各类群体，包括但不限于进城务工人员、新就业大中专毕业生等"，并指出"由于新市民在各省市县区分布很不均衡，具体可结合当地实际情况和地方政府政策，明确服务新市民的范围"[①]，这一界定主要是出于金融政策考量。

纵观已有官方文件、相关文献，大多数研究是从广义和狭义两个角度来界定该概念。从广义角度把"新市民"界定为从其他地方流动而来，并稳定居住在城市之中的未获得当地户籍或获得当地户籍不满三年的常住人口。一些学者已用"新市民"替代外来常住人口、非户籍常住人口、流动人口等（叶裕民等，2020）。狭义上的"新市民"基于不同的研究角度和研究方向，有较多的不同界定。其中较为典型的观点可以归纳为以下两种：一是专指外来务工人员，包括因工作调动被动来城市发展的务工人员和主动来城市务工人员；二是主要由新转入一座城市就业的学生群体为主的青年群体（李雨，2021）。

根据现有官方文件、文献以及上海的实际情况和数据可得性，基于本书研究目的，本书实证研究部分（第五章、第六章、第七章）中的"新市民"是指非沪籍常住人口。具体而言，是指在上海稳定居住半年以上，且具有稳定、合法收入，主动迁移的非上海户籍的外来经商和务工人员，包括但不限于进城务工人员以及新就业大学生等。

三、青年人

对"青年人"的概念界定往往与政治经济和文化有关，迄今为止，对于

---

① 中国政府网. 中国银保监会 中国人民银行关于加强新市民金融服务工作的通知［EB/OL］.（2022-03-04）［2023-08-23］. https://www.gov.cn/zhengce/zhengceku/2022-03/06/content_5677508.htm.

"青年人"的概念界定还没有统一的认识。以年龄为标准是常见并得到学术上认可的界定青年所属社会群体的主流方式（冼锡柱，2023），虽然国内外不同的组织和机构主要都是依据年龄来界定是否是"青年人"，但是对于青年的年龄界限却有着较多的标准。例如：1985年，联合国大会将"青年"定义为年龄介于15岁与24岁之间的人[①]；联合国世界卫生组织（WHO）将青年人界定为44岁以下的人[②]；我国国家统计局界定15岁至34岁的人为青年；中国共青团章程中青年的年龄可认为是14岁至28岁；青年联合会界定18岁至40岁的人为青年；中共中央、国务院于2017年4月发布的《中长期青年发展规划（2016—2025年）》中所指青年为14岁至35岁[③]。

本书以国家统计局的界定为基本遵循，此外，一方面考虑本书研究的是保障性租赁住房问题，鉴于我国法律规定未满18周岁属于未成年人，而未成年人大多随父母等监护人共同居住生活，很少涉及租房问题；另一方面鉴于实证研究使用数据来自第七次全国人口普查（以下简称七普），而七普数据对于分年龄的人口统计数据中对年龄是以"0～4岁""5～9岁"等区间来进行划分的，根据七普数据难以筛选出上海各区18岁至34岁的人群，因此本书实证研究部分（第四章～第六章）中的"青年人"所指的是年龄为20岁至34岁的上海常住人口。

四、人才

20世纪70年代末，人才学作为一门研究人才产生和发展规律的科学应运而生，准确界定人才的含义是人才学理论建构与发展之基石。人才的定义随着相关理论的发展和实践的深化，经历了从"以贡献论人才"到"内看能

[①] 联合国.全球议题青年［EB/OL］.［2023-08-23］.https://www.un.org/zh/global-issues/youth.
[②] 环球网.世卫组织确定新年龄分段：44岁以下为青年人［EB/OL］.（2013-05-13）［2023-08-23］.https://world.huanqiu.com/article/9CaKrnJAukl.
[③] 中国政府网.中共中央 国务院印发中长期青年发展规划（2016－2025年）［EB/OL］.（2017-04-13）［2023-08-23］.https://www.gov.cn/zhengce/2017/04/13/content_5185555.htm#1.

力,外看贡献论人才",再到"内看素质,外看成果论人才"这样一个不断丰富完善的发展过程(张苗苗,2013)。例如,王通讯(1985)提出"人才,就是指为社会发展和人类进步进行了创造性劳动,在某一领域、某一行业或某一工作上作出较大贡献的人",这是"以贡献论人才"的最具代表性定义;叶忠海(2005)提出了"内看能力,外看贡献论人才"的最具代表性的定义,"人才是指在一定社会条件下,具有一定知识和技能,能以其创造性劳动,对社会或社会某方面的发展,作出某种较大贡献的人";罗洪铁(2006)关注到了以往人才概念界定中没有关注到的"内在素质",进而提出"人才,是指那些具有良好的素质,能够在一定的外部条件的支持下通过不断地取得创造性劳动成果,对人类社会的发展产生了较大影响的人"。虽然人才学界关于"人才"的界定纷繁复杂,但总体而言大多强调了"创造性劳动"和"做出较大贡献"或"产生较大影响"。

从官方的政策文件来看,对"人才"概念的界定主要根据人才使用需要来确定,体现了"党管人才"的政治倾向性和政府政策的鼓励性(余仲华,2017)。1982年人事部对"人才"的统计口径即机关、企事业单位中具有中专以上学历和初级以上专业技术职称的人员,这也是国内早期研究中比较常用的定义。2003年12月,《中共中央 国务院关于进一步加强人才工作的决定》明确提出:"只要具有一定的知识或技能,能够进行创造性劳动,为推进社会主义物质文明、政治文明、精神文明建设,在建设中国特色社会主义伟大事业中作出积极贡献,都是党和国家需要的人才。要坚持德才兼备原则,把品德、知识、能力和业绩作为衡量人才的主要标准,不唯学历、不唯职称、不唯资历、不唯身份,不拘一格选人才。"[①] 2010年6月发布的《国家中长期人才发展规划纲要(2010—2020年)》指出:"人才是指具有一定的专业知识或专门技能,进行创造性劳动并对社会作出贡献的人,是人力资源

---

① 中国政府网. 中共中央国务院关于进一步加强人才工作的决定[EB/OL]. (2003-12-26)[2023-08-23]. https://www.gov.cn/test/2005-07/01/content_11547.htm.

中能力和素质较高的劳动者。人才是我国经济社会发展的第一资源。"[①] 党的二十大进一步将"人才作为第一资源"新表述、新要求写入党章，阐明了人才工作在党和国家事业中的极端重要性。

纵观以往关于"人才"的界定，广义的人才是指凡是能够对组织或者社会作出贡献的人；狭义的人才是指具有较高的学历水平、专业技术职称，掌握相当理论知识或专门技能的人。根据本书的研究目的和内容，同时考虑统计的便利性，本书采用狭义的"人才"概念。

第三节 国内外研究综述

一、国外保障性租赁住房的研究综述

国外的保障房主要以租赁模式为主。在早期，诸如英国、德国、丹麦等欧洲国家在1910年到1920年之间就开始大规模推出租赁型社会住房（Social Housing）计划。这些住房计划以补贴形式提供，主要针对低收入人群，并确保其在可承受范围内支付租金。因此，这类住房也被称为补贴住房（Subsidized Housing）或可负担住房（Affordable Housing），即市场成本较低的补贴性住房。这些住房项目的主要目标是为那些无法在市场上购买或租赁得起住房的人提供支持。如果强调其产权的公共性，这类住房也可以称为公共住房。由于国外住房保障起步较早，学者们已经开展了很多相关研究。纵观已有研究，可以发现这些研究主要集中在保障房租住意愿影响因素、保障房开发机制、供应模式、运营管理以及不同住房保障政策效用比较等方面。

[①] 中国政府网. 国家中长期人才发展规划纲要（2010—2020年）发布［EB/OL］.（2010-06-06）［2023-08-23］. https://www.gov.cn/jrzg/2010-06/06/content_1621777.htm.

（一）保障房租住意愿影响因素研究

Zainun等（2013）运用PLS-SEM模型评估马来西亚低成本住房（Low-Cost Housing）需求变化，并发现人口增长、国内生产总值（GDP）、存量住房规模等九个宏观影响因素对需求具有显著影响，其中GDP、通货膨胀率和存量住房规模的经济端因素对低成本住房需求影响最为显著。通过对澳大利亚200户家庭的邮寄调查发现，社会住房租住意愿和预期更多取决于实际的住房状况，如房屋区位、房屋质量和邻居等因素（Burke等，2014）。Miseon等学者（2023）的研究也印证了类似的观点，韩国青年人生活方式、空间面积偏好以及对配套设施、家具家电、装修等方面的不同偏好，导致其通过公共租赁住房（Public Rental Housing）来改善住房条件的租住意愿具有显著差异。Lee和Kwag（2022）通过构建logistic模型实证分析韩国青年人对公共租赁住房入住意愿影响因素，发现青年家庭收入特征、公租房规模、租期、面积和租金支出对入住意愿具有显著作用。

（二）保障房发展机制研究

1. 保障房开发机制研究

美国建立基于规划的开发者激励措施和强制性贡献要求的公共住房发展机制。Anderson（2005）指出在美国多数地方政府的住房政策中，都包括多种激励措施（Gabriel M 2005）的组合，用于抵消强制性贡献要求所造成的经济负担，其中包括容积率奖励、分区变更、开发许可证和政府服务费用减免、审批流程快速通道等。目前，在美国有24个州通过立法授权或强制地方政府将公共住房纳入其土地使用计划，Salsich（2003）认为纽约、洛杉矶等几个大城市所在的纽约州、加利福尼亚州、马萨诸塞州等地方在包容性分区方面最为活跃。此外，Gurran（2007）指出强大的非营利组织（包括隶属于政府部门和非政府部门的）和商业化的可负担租赁住房开发商，是美国公共住房发展的重要主体，这部分参与者可获得政府补助和联邦税收优惠并将其用于公共住房的开发，最具代表性的税收激励政策就是低收入住房税收抵免（Low Income Housing Tax Credits, LIHTC）。

在欧洲，从历史上看，大部分的公共住房都是由大型住房协会开发、管理和维护的社会住房。欧洲学界对于社会住房的研究主要关注在政府公共财政投入减少的情况下，社会住房发展模式的私有化转型。Malpass 和 Victory（2010）从社会住房在住房体系中的位置、社会住房的供应和需求三个维度构建模型研究英国社会住房的现代化进程，研究发现社会住房在每个模型下的变化方向具有一致性，是一个从公共部门向私人市场迁移的过程，并指出虽然目前英国政府更加青睐过渡到更完全的私有化市场体系下的社会住房发展模式，但市场服务机构和消费者均对此热情不高。Scanlon、Whitehead 等（2014）在比较分析欧洲 12 个国家的社会住房政策和实践后，认为奥地利、丹麦、法国、荷兰和瑞典 5 个国家的社会住房继续以传统方式发挥其传统作用。在社会住房的私有化和市场自由化方面，除丹麦和法国外，其他所有国家都采取了增加私人部门作用的举措，或者已经实现高度私有化。

日本的公共住房体系主要由各级隶属于政府的住房机构构成。在国家层面，住房和城市发展公司（2004 年重组为城市复兴机构，Urban Renaissance Agency）负责开发建设可负担的公寓并出租给租客；县、市等地方政府则通过直接运营或设立政府下属机构发展公共住房（Kadowaki et al., 2005）。Horita（2006）指出日本对公共住房的租户设有严格的收入标准，收入水平线处于最低 25% 范围内的人群有权享受当地政府提供的公共住房，对老年人和残疾人则可实行酌情裁量。此外，日本的公共住房根据居民自身的支付能力和住房本身的属性设有租金定价机制，Hsiao（2021）认为这是日本公共住房运行的关键机制，该定价机制根据住房的区位系数、设施系数、老旧化系数、便利系数、面积系数及租户收入水平将租金分为八个阶段，地方政府还会向高收入租户收取市场化水平的租金，以此促使高收入租户主动退出公共住房。

2. 保障房供应机制研究

在20世纪初，国际学者开始关注经济适用房的空间位置问题，并总结出三种类型的"城市空间格局"。其中伯吉斯提出了关于"土地与生活方式"的理论，并以此为基础构建了基于"同心圆"的城市土地布局模式。霍伊特则以该模式为基础，划分了一个以霍伊特为中心的"扇形"模型，而哈里斯和乌尔曼则提出了"多中心"模型。这些理论分析为经济适用房的选址问题提供了一定的指导思路。伯吉斯还探讨了"住房过滤"现象，指出随着住房的不断兴建，低收入人群逐渐迁入高收入社区内的老房屋，而高收入人群则逐渐迁居到市区远郊的新房产。这种现象导致低收入人群主要居住在靠近市区的地区，而高收入人群则更多地居住在远离市区的郊区。经过对美国黑人社区的一系列观察和研究，城市规划学家约翰·凯恩（John Kain）于1968年首次提出了"空间失配"假说，深入分析了导致美国城市空间分层的原因和演变过程。

为了在短时间内满足中低收入家庭的住房需求，各国在住房短缺期间普遍采用实物补贴为主的方法，集中兴建大量保障房。在建设初期，受经济利益的驱使，住房建设呈现出明显的集中分布特点，选址往往落在较为弱势的区域，导致了社会阶层的分化以及不同收入水平的群体大范围聚居等问题（严荣，2016）。然而，自从1970年以后，美国的住房需求逐渐得到缓解，政府逐渐认识到在保障房建设过程中，不应仅从供应量的角度出发考虑，还应关注房屋品质、周边设施、人文环境等因素。自那时起，保障房的建设逐渐从集中建设的模式转变为配建模式，从过去低收入人群聚居的格局转向了种族多样性和不同收入水平人群混合居住的模式（王志成等，2017）。

在新加坡，保障房被称为"组屋"（HDB），自20世纪60年代起，已有超过80%的居民选择在组屋中定居。新加坡的房地产开发计划是根据整体发展蓝图制定的，主要集中于新兴城镇。在规划初期，便会提前规划周边土地，以实现居住与工作的平衡目标。这一建设模式会根据住房需求的实际情况进行灵活调整，包括组屋类型、建设选址以及配套设施等方面的实时预测，以确保选择在公共服务完善、交通便利的地区进行建设。同时，政府会定期对年代较久的组屋进行维护和社区更新，以满足居民需求，注重创造良好的居住环境。

3. 保障房运营机制研究

美国学界较为关注公共住房集中建设带来的贫穷人口聚集问题，以及通过转变公共住房发展模式对贫穷人口聚集问题进行治理的对策。Bloom（2012）指出美国高层公共住房在芝加哥、圣路易斯等城市的实践被证明是失败的，但纽约市仍保有并成功运营较大规模的塔楼式公共住房，其成功经验可以总结为三个方面：一是运营环节中，纽约市住房管理局（NYCHA）维持了大量的一线工作人员；二是在租户选择方面，通过招募和保留工薪家庭，以及加强遴选控制，保持了较好的社会融合以及项目的资金流转；三是在政策支持方面，NYCHA通过游说联邦政府和市政府以获取更多的支持。Goetz（2012）指出，许多美国大城市在经历了21世纪的经济繁荣后大范围拆除了过去城市中心地段集中建设的公共住房，取而代之的是公私合作的混合收入再开发项目，私人部门加大了对曾经是公共住房的内城社区进行重新投资。

确保保障房供应和运营需要充足的财政支持，而建立完善的住房保障金融体系则显得尤为重要。戴维·米尔斯（David Miles，1997）、马克·博莱特（Mark Bolliet，1999）分析了金融创新和新型金融工具在住房领域的应用与影响。此外，博莱亚特（Boleat，1985）也指出，金融创新和住房金融制度的安排，受到国家资本市场的发展程度、金融管制制度、市场经济发展模式以及社会历史文化传统等一系列因素的影响，因此在不同国家形成了不同的住房金融模式和制度安排。吉娜·克里斯蒂娜与克列尼亚（Gina Cristina, G. & Cornelia，2007）认为，住房金融体系是一个中介网络，一方面为储蓄提供金融工具，另一方面为购房提供信用支持。居民作为市场主体,不仅是住房金融工具的提供者,也是需求者。完善的住房金融体系有助于有效地支持住房的供求平衡。布鲁斯·弗格森(Bruce Ferguson,2019)认为,传统的住房金融工具,如抵押贷款,由于对收入、信用、还款和抵押物有较高的要求和限制,制约了中低收入群体使用这些金融工具,因此可以尝试建立一种新型的循环运作住房金融体系,包括小额贷款、小额补助金、中低收入者的无抵押无信用贷款、抵押保险制度以及各种技术支持。

租金定价机制成为租赁型公共住房制度中重要的管理措施,这种机制在平衡中低收入承租者的负担能力和住房正常运营之间具有关键作用。租金管制的制定不仅考虑成本和收益,还考虑不同收入水平的人的负担能力和收入分配的公平效果(Gyourko,1968)。对租金的管制会在不同收入群体之间产生不同的收益分配效应。特别是,贫困家庭在租金管制政策下能够获得更大的好处,而在特定收入群体内,不同家庭获益程度也不同(Gyourko and Linneman,1989)。然而,也有学者认为,尽管租金管制在维护和实现公共利益方面起到了作用,但过度的管制可能会扭曲住房市场(尤其是租赁市场)的价格机制,从而导致市场效率的下降(Malpezzi,1990)。

(三)保障房政策效用研究

国外对住房补贴方式的研究主要集中在生产者补贴和消费补贴之间的比较探讨,以及不同补贴模式的政策效果分析。

1. 关于生产者补贴与消费补贴的政策效应比较

早在20世纪20年代初,E.W. Burgess提出了过滤理论,为住房保障供给策略的设计和选择提供了理论基础。之后,Sweeney(1974)、Ohls(1975)等学者进一步发展和建立了通用均衡住房市场过滤模型,使过滤模型具备了实际意义和理论价值。他们指出,政府直接新建住房可能带来效率损失,并提出了通过住房货币补贴来增加低收入者住房消费的政策。Braid(1984)、Schall(1981)及Anas和Anott(1997)等学者进一步拓展了房屋过滤模型,研究了货币补贴和实物补贴等政策对住房市场的影响。在具体政策效果方面，Lan Deng（2004）基于美国六大城市的数据，以经验的视角论证了租金优惠券计划（Voucher Program）相对于低收入者房屋建设减免计划（LIHTCs Program）在效率上更为有效。尽管在不同城市之间表现出不同的效果，但这一研究指出了补贴方案的潜在效率差异。

还有一些学者对此持有不同观点。阿兰·吉尔伯特（Alan Gilbert，2002）开展了调查研究，涵盖了智利、哥伦比亚和南非三个国家实施货币住房补贴的情况。通过比较分析，他发现货币住房补贴模式依然存在许多问题。其中，包括大量货币支出给政府带来了庞大的财政赤字；同时，财政有限迫使政府不得不限制补贴的数量和比例，这在具体执行中产生了困难。此外，这种模式还导致贫困人群居住环境更加恶劣、偏离以及聚集问题。针对美国的情况，柯克·麦克卢尔（Kirk McClure，2006）对已经实施了20年的低收入人群房地产税收减免（LIHTC）计划进行了实证分析。他的研究发现，随着税收减免额度的增加，开发商更愿意投资开发，而且该政策产生的效果甚至超过了住房优惠券计划。

此外，有些学者主张在选择住房保障供给模式时应进行综合比较。Apgar（1980）在其研究中指出，一个良好的住房政策的质量与政策目标、政策实施引起的价格上涨程度以及外部影响密切相关。在某些情况下，住房券可能是适当的选择，但并不是在所有情况和时机下都是最佳政策。Laferrere Anne and David Le Blanc（2004）以法国住房补贴为基础，认为住房补贴在效率上以及对私人市场的影响方面优于政府直接建造公共住房。然而，住房补贴推高了住房市场的租金水平，因此很难评估这两种方案的总体福利大小。

2. 关于住房补贴政策效果的分析

M. P. Murray（1999）、S. Malpezzi 和 K. Vandell（2002）、Chul-In Lee（2007）分别采用横向数据、时间序列数据和面板数据，研究了补贴性住房对

市场住房的挤出效应程度。Arthur O'Sullivan（2003）从另一角度分析了公共住房政策对城市贫困人口的影响。他认为，联邦住房政策导致住房隔离，而住房隔离进一步加剧了贫富分化的风险。Jones and Murie（2006）对从1980年开始实施的租户置业计划（Right to Buy Program）在25年内的效果进行了评估，发现该计划的实施在时间和住房空间位置上存在机会不平等的问题。

二、国内保障性租赁住房的研究综述

自《国务院办公厅关于加快发展保障性租赁住房的意见》（国办发〔2021〕22号）明确保障性租赁住房是我国住房保障体系的重要组成部分之一以来，国内关于保障性租赁住房的研究快速发展，主要聚焦在租住意愿影响因素、保障对象及功能、发展特点、建设运营瓶颈、发展对策等方面的研究。

（一）租住意愿影响因素研究

由于保障性租赁住房是2021年相关政策出台后的住房保障新品种，且多地的保障性租赁住房仍在选址建设中，尚未形成规模化供应，因此目前学术界对于保障性租赁住房租住意愿影响因素的研究成果较少。然而，在早期研究中，较多国内学者针对不同研究对象对公租房、廉租房等保障类租赁住房租住意愿影响因素进行了深入研究，得出了较为充分、广泛的研究结论。此外，因保障类租赁住房的准入门槛限制，相关学术研究的具体对象主要包括外来务工人员、新毕业大学生、青年人才等中低收入群体（何亚娜，2023），而上述对象也同样属于保障性租赁住房重点面向新市民、青年人的保障范围。因此，梳理并总结公租房等保障类租赁住房租住意愿影响因素的相关研究结果，对研究保障性租赁住房租住意愿影响因素同样具有较高的参考和借鉴意义。

一些学者将新市民、青年人群体作为一个整体，分析其租住意愿的影响因素。刘晓君、张丽（2018）采用人居环境研究视角随机调查了西安市10

个公租房社区及周边居民，发现公租房的人居环境满意度对公租房居住意愿有显著正向影响，满意度越高，居住公租房的意愿越强。其中，人居环境满意度与公租房社区配套设施环境维度和户型面积等住房条件维度存在显著正相关关系。通过进一步与搬离公租房的受访者进行深入访谈，发现工作和生活的不便利是其退租公租房的主要原因。部分学者利用二元logistic模型对武汉中低收入家庭租住公租房概率的影响因素进行测算，发现人均月收入、公租房面积以及公租房到工作单位和城区距离等因素对中低收入家庭选择公租房的概率具有显著负向影响，公租房的集中化布局对其具有显著正向影响（柯峰、邓宏乾，2014）。邢燕婷、宋永发（2013）采用因子分析法，对大连市居民的公租房需求方影响因素进行调查分析，发现公租房的面积、选址、周边公共配套等自身属性，需求方租金支付能力、现居住状况等个人因素以及住房保障政策、市场信心等社会因素是影响公租房需求主要的三类因素。可以看出，在不区分具体群体的保障类租赁住房需求影响因素的实证研究中，影响因素可以大致划分为受访者个体特征因素和住房本身特征因素两大类。少数研究也涉及市场、政策等社会因素，成为影响保障类租赁住房需求意愿的因素之一。

此外，还有一些学者考虑新市民、青年人的群体规模较为庞大，故将新市民、青年人群体分成三类子群体，具体分析其租住保障类租赁住房的意愿。

在针对外来务工群体的研究方面，牟玲玲（2016）基于河北省中低收入群体调查数据，对受访者选择承租或购买保障房影响因素进行实证分析，发现户籍、家庭年总收入及住房公积金等因素对其保障房需求有显著影响，外地农村户口、家庭年总收入越低和没有缴纳住房公积金或无单位住房补贴的受访者对承租（或购买）保障房的意愿越高。杨文华、谭术魁（2011）采用多元线性回归的分析方法，发现显著影响进城务工人员公租房需求意愿的因素主要有收入和租金等金钱因素，居住环境、居住面积和治安卫生状况等住房改善因素，通勤距离和生活便利等工作生活便利性因素，申请条件、信息获取和分配公平等获取过程因素等四方面共同构成。路征等（2016）通过对成都市外来务工人员问卷数据的多元线性回归分析，发现年龄、收入、居住现状稳定性、定居意愿等需求端因素，如公租房准入条件、租金、户型、面积等供应端因素均与其租住公租房的需求意愿存在显著相关性。这表明，年龄越大、收入越低、居住现状越不稳定、城市定居意愿越强、认为公租房门槛高、越关心公租房租金、户型和面积的外来务工人员对公租房的租住需求意愿越强烈。

在针对新毕业大学生等青年群体的研究方面，郭敏（2021）调查研究了上海新就业大学生住房满意度，发现62.30%的大学生对保障房的居住环境和交通条件提出改进需求，除此之外，申请流程复杂也是困扰其放弃住房保障权益的最主要原因。李兆允（2016）在马斯洛需求层次理论的基础上，将低收入阶层的大学生对公租房空间面积、安全保障、社区环境及配套、物业服务和事业机遇的需求分别对应生理、安全、社会、尊重、自我实现的需求五个层次，并提出调整公租房准入条件、加强公租房物业管理、改善公租房选址设计、营造公租房社区文化以及搭建大学生创业的公租房平台等发展建议，逐步促进公租房更好地服务大学生群体阶梯式住房需求。曾珍等（2012）构建了重庆市毕业5年内的大学生公租房消费意愿模型，发现大学毕业生职业类型和工作地点对公租房消费意愿具有显著影响，工作稳定性较高诸如机关、事业单位，以及工作在偏远区县或乡镇的大学毕业生对公租房消费意愿相对较小，而工作稳定性较差的受访者则认为公租房只能提供有限的住房保障，更倾向于购买产权住房，对公租房需求意愿也较低。此外，上述研究还发现，未来定居意愿及住房计划分别与公租房需求呈显著正相关和负相关关系，说明定居意愿越小、计划以购房解决住房问题的大学生群体对公租房的需求越低。类似地，谭禹（2019）运用Logit模型研究影响广州低收入大学毕业生公租房申请意愿的个体属性、政策属性和公租房客观属性等三类因素，结果表明，大学生群体的受教育程度、申请复杂程度和公租房面积偏好与其申请意愿具有显著负相关关系，同时，新毕业大学生群体对公租房政策了解程度、公租房与单位距离、公租房集中性布局因素与其申请意愿显著正相关。

在针对人才群体的研究方面，杨喧（2020）运用 Logistic 模型分析武汉市人才群体对租赁型人才房需求影响因素，发现保障年限、租金价格、到公司距离、人才学历、毕业时间、收入水平、申请程序和准入门槛 8 个变量对人才房需求具有显著影响。

基于已有的研究成果，曾心懿，钟信敏（2023）从提供方、需求方、产品方三个层面出发，构建了上海外来流动人口公租房需求影响因素体系，并进一步运用 ISM 模型法按影响因素间逻辑关系划分为三个层级，分别为申请程序、了解程度、物业服务等上层直接影响因素，小区环境、工资收入、地理位置等中间层间接影响因素，以及未来规划、政策引导和便民设施等深层根本影响因素。

与整体保障对象的租住需求影响因素的研究相比，不同群体对保障类租赁住房的租住需求的因素分类更多元化、范围更广。一方面，针对不同群体的研究在原有基础上更加细化。在居民个人、住房本身、社会特征因素分类下，增加了户籍、职业稳定性等个人特征因素，社区环境、卫生治安等住房特征因素以及保障政策了解程度、申请难度等社会特征因素。另一方面，针对不同群体的影响因素选取范围更加广泛。一是在研究中纳入考虑不同住房保障形式之间的影响作用，即住房公积金情况对保障类租赁住房需求的影响；二是在研究中考虑了受访者未来定居及住房租购规划选择对保障类租赁住房需求的影响。

（二）保障性租赁住房保障对象及功能研究

保障性租赁住房不仅能够有效解决新市民、青年人的阶段性住房问题，而且能够促进整个房地产行业健康发展，是我国住房保障制度的创新发展

（曹金彪，2021）。严荣（2021）基于我国新市民、青年人住房"三元困境"，提出发展保障性租赁住房有利于同时兼顾住房的安全、可支付和可获得性。朱庄瑞（2022）建议以保障性租赁住房建设为突破口，提升租赁住房的产权稳定性和吸引力，并通过构建新市民住房"保障—扶持—改善"动态调整机制，充分发挥政府、市场和社会的优势，助推新市民真正地融入城市。阎婧等（2022）以天津市为例进行研究，建议以小户型为经营点，逐步扩大保障性租赁住房供给，并控制租金，以缓解青年人住房经济负担较重的问题。任荣荣、贺志浩（2022）研究发现，20%以上农业转移人口以单位提供的集体宿舍作为居住方式，并建议构建与农业转移人口住房需求特点相匹配的区域差别化住房支持政策，北上广深地区短期内仍需加大实物保障力度，增加近郊区保障性租赁住房建设。针对城市建设和管理服务一线工作人员，上海创新性地通过既有集中居住临时设施、新建、存量改建、保障性租赁住房遴选4种模式，打造宿舍型新时代城市建设者管理者之家示范项目，为他们提供低租金、可负担的以"一张床"为主的保障性租赁住房产品（王逸邈等，2023）。

（三）保障性租赁住房发展特点研究

保障性租赁住房是一种新的住房保障形式，其保障对象广泛，更加关注常住人口、流动人口以及人群的差异性需求，逐渐让符合条件的群体能够平等享有公共服务（李奇会等，2021）。参与建设运营保障性租赁住房的主体更加多元，融资、税收优惠等政策进一步降低了参与主体的建设运营成本，有效地提高了市场主体参与的积极性（李宇嘉，2021）。房源筹集方式更丰富，不仅可以新建，还可以改建、扩建（金浩然，2021；王建红，2022）。从供给端来看，保障性租赁住房具有量大面宽、阶段性保障、注重职住平衡等特点，具备促发展的重要功能。保障性租赁住房与公租房在政策支持力度、供给区域、保障对象、保障深度及退出机制五个方面存在差异（章雯芝、陈峰，2022）。区别于公租房，保障性租赁住房采取市场化的运作机制（李东，2021），定价机制以政府制定指导价为主（李奇会等，2021）。

（四）保障性租赁住房建设运营瓶颈研究

保障性租赁住房在规划、建设、管理、服务等各个环节存在问题。王桂梅（2022）指出保障性租赁住房如何定位、定量、定价及可持续建设供应等问题亟待解决。吴佳、周清雅（2023）从规划环节、管理环节和政策支持三个方面提出上海保障性租赁住房发展区域分布不均衡，个别板块过于集中；中心城区供需矛盾突出，保障性租赁住房项目定价亟待规范；水电费计费合理性、税收优化力度、保障性租赁住房 REITs 项目资金使用效率等有待提升等问题。

部分学者探讨了保障性租赁住房建设所需资源要素的瓶颈，谭荣（2022）认为用地指标紧缺、选址上受排挤、资金投入不足和制度成本过高等是主要问题。从用地来看，俞振宁（2022）以上海为例，认为在建设用地减量化背景下，用地指标紧张导致租赁用地供应积极性不高，较多大型居住社区无法开工建设，大多数保障性租赁住房项目选址存在地理位置偏远或"职住不平衡"问题；吕萍、邱骏（2021）提出要创新土地供给方式，打破存量非居用地使用瓶颈。从资金来看，保障性租赁住房项目要求较高额的资金投入，不能只依靠政府补贴或社会自筹资本，必须要有金融机构提供资金方面的支持，但目前我国保障性租赁住房金融支持方面存在法律法规不健全、缺乏专营机构、低成本资金稀缺、融资困难、政策支持力度难以把握、保障范围界定不清等主要障碍（温博，2022；金浩然，2021）。陈杰（2022）认为，上海保障性租赁住房融资难可归因于收益的外部性，并从增加企业收益角度提出强化资产组合效应等建议。

（五）保障性租赁住房发展对策研究

不少学者从顶层设计、产品供给、用地保障和资金支持等方面提出进一步发展保障性租赁住房的建议。有学者提出要从提高政治站位、建立长效机制、落实各方主体责任、优化结构布局、确保建设运营资金稳定、提高保障人群支付能力、实现专业化管理等方面来完善保障性租赁住房政策，加快保障性租赁住房发展（王春敏、孟超，2023；倪虹，2021）。卞文志（2021）认为，建设保障性租赁住房关键是要减轻相关企业的负担，进一步增加支持政策，提高市场主体参与的积极性。邵磊等（2022）提出，要提升整体居住品质，兼顾承租群体长、短期居住需求，一是要提升体验，持续增加小户型供应，增加整租减少合租；二是要兼顾低收入人群的租赁需求和支付能力，针对新蓝领群体增加宿舍型租赁住房供给，提高服务水平，提高居住安全性和舒适度。王玮（2023）建议，保障性租赁住房与商业设施打捆运营，探索租金收缴方式，激发企业和社会机构参与积极性，实施专业化租赁管理，探索科学配建方式，优化保障性租赁住房居后管理模式。

在用地保障方面，王建红（2022）认为在国家建设用地供应中应当合理提升租赁住房土地的出让比重，使更多的市场参与主体获取价格更低的土地，同时，限定地价和房租，明确规定保障性租赁住房的用途范围和限制房租要求；谭荣（2022）进一步提出要完善集体经营性建设用地入市制度，健全存量用地再开发制度，做好用地审批提速等配套政策支持，保障新增建设用地供应效率和供应秩序；吕萍、邱骏（2021）认为，我国提出的多种供地方式为保障性租赁住房的建设和落地提供了土地支持，能够有效缓解大城市的住房供求矛盾。

在资金支持方面，不少学者提出要创新金融支持，单列贷款额度，并予以审批、放款、利率、期限方面的优待；引导支持开发性金融、政策性金融和商业金融共同参与服务保障性租赁住房建设发展（俞振宁，2022）；推进国家信用与市场机制有效结合，引入民间资本，让政府资金和市场资金形成合力（李成刚，2021；金浩然，2021）；建立保障性租赁住房REITs融资新模式等建议（周旭明，2022）。具体来看，王继源、胡国良（2022）认为应充分发挥财政资金对保障性租赁住房的支持作用，加强中央职责和能力，建立城市评估体系，搭建供需监测平台，设立投资基金和债券，立法规范资金使用。谭禹（2021）建议借助政府信用背书，推动发展政策性住房金融，引导民间资本更好地融入住房保障领域，有效打破保障性租赁住房融资困境。王炜（2021）建议，明确保障性租赁住房的资产界定范围，完善入库项目质量，打通 REITS 和公募基金的连接，构建资本循环模式；提升公募基金管理 REITS 的专业管理经验。

三、国内外相关研究评述

国外较早开始发展租赁型保障房，相关研究主要聚焦在保障房租住意愿影响因素、保障房开发机制、供应模式、运营管理以及政策效用等方面，研究发现不同国家在保障房供应方面的多样化策略，强调合理的区位选择可以避免低收入人群的聚集和社会分化，提到了不同国家在保障房运营方面的策略，深入分析了不同保障房政策的效果，以及强调了财政支持和金融体系的重要性。国内针对保障性租赁住房的研究主要从保障对象和效用、发展特点、建设运营瓶颈和发展思路等方面展开，虽取得了阶段性成果，但由于保障性租赁住房概念提出时间较短，研究成果也相对较少，研究的广度和深度还有待拓展。综合国内外相关研究，主要存在以下欠缺：

第一，国外文献研究的住房保障对象主要为中低收入人群，国内已有研究对保障性租赁住房保障对象的整体情况和细分人群的特征，以及各类群体的居住现状的深入分析较为欠缺。第二，国内外已有研究较少涉及基于各类保障对象需求特点的系统分析，包括需求规模、租购需求、区位需求、品质需求、配套需求等，进而关于保障性租赁住房针对需求进行产品多样化供应的研究较少。第三，已有研究总体描述多，个案分析少，且对保障性租赁住房的需求意愿和发展空间等方面的实证研究较为不足。

因此，本书拟在已有研究的基础上，以上海为例，立足保障性租赁住房发展现实阶段，运用空间分析和计量分析手段，对保障性租赁住房需求意愿的影响因素进行分析，对保障性租赁住房需求群体的需求特征进行系统研究，并进一步探索保障性租赁住房重点发展空间引导，在此基础上分析保障性租赁住房发展所面临的挑战，探讨保障性租赁住房未来发展思路。

第四节　一手数据来源简要说明

本书研究所采用的一手数据主要来自课题组的问卷调查和访谈调查。总体上调查样本涉及上海各区的新市民、青年人，但每个子研究的样本各不相同。下面先对几次调查作一下简要说明，详细的样本情况将在各个具体子研究中进行介绍。

一、调查数据 1：新市民、青年人的居住现状和保障性租赁住房需求影响因素研究

研究数据来自于上海市房地产科学研究院课题组于 2023 年 5—6 月面向上海 16 个区 18 岁以上就业的新市民、青年人开展的线上问卷调查，共获得有效样本 3254 个。

二、调查数据 2：新市民、青年人中保障性租赁住房潜在供应对象的租住需求特征研究

研究数据来自于上海市房地产科学研究院课题组于 2021 年 7—9 月开展的上海市城镇常住居民住房需求情况调查。该次调查采取抽样调查方式，由调查员入户以电子问卷形式进行调查。调查对象为上海 16 个区 18 岁以上的常住居民，共获得有效样本 10068 个。

三、调查数据3：一线工作人员的保障性租赁住房需求研究

一线工作人员的保障性租赁住房需求的研究数据来自于上海市房地产科学研究院课题组于2022年11月至2023年5月期间开展的调查。通过相关行业所在管理部门、工会、行业协会、商会，向一线工作人员发放线上调查问卷，共获得有效样本8459个；同时，还实地调研了上海部分中心城区、五个新城①所在区的30余家用人企业。

四、调查数据4：重点产业人才的保障性租赁住房问题研究

重点产业人才的保障性租赁住房问题的研究数据来自于上海市房地产科学研究院课题组于2023年5—6月面向上海16个区的重点产业人才开展的线上问卷调查，共获得有效样本2910个。

（撰稿人：张黎莉、李钱斐、王希冉、代伟华）

---

① 《上海市国民经济和社会发展第十四个五年规划和二〇三五年远景目标纲要》，提出要把嘉定、松江、青浦、奉贤、临港五个新城"打造成为上海未来发展具有活力的重要增长极和新的战略支点"。

第二章　理论依据与研究思路

第一节　理论依据

一、需求层次理论

需求层次理论由美国著名心理学家、人本主义心理学派创始人亚伯拉罕·马斯洛（Abraham Harold Maslow）提出。马斯洛把人的需要由低级到高级分为五个层次，生理的需求、安全的需求、社交的需求、尊重的需求和自我实现的需求。生理的需求是指维持人类自身生存的最基本要求，如呼吸、食物、睡眠需求等；安全需求是指对自身和外部安全性的需求，如人身安全、财产安全、家庭安全等；社交的需求是指人对社交和人际关系方面的需要，如友情、爱情等；尊重的需求是指人的自我尊重、对他人的尊重以及希望获得他人或社会的尊重的需求；自我实现的需求是指充分发挥自身潜力以实现自己理想的需求，这是最高层次的需求。对衣食住行等生理需要是人最基本的需要，只有这一需要得到满足以后，人类才会出现更高层次的需要。如果这一最基本的需要得不到满足，那么人的生存以及社会稳定性都将会受到威胁。保障性租赁住房是小户型、低租金的住房，主要解决符合条件的新市民、青年人等群体的住房困难问题，满足的是新市民、青年人生理需要之一的住房需求，无论是对于新市民、青年人个人生存发展还是对于新型城镇化、社会稳定，都具有重大意义。

二、社会保障理论

社会保障（social security）一词来源于美国 1935 年颁布的《社会保障法》①。在美国《社会工作词典》（1999）中，社会保障被界定为："国家向处于法定困境中的人发放的一种福利待遇。"在西方工业革命后失业、疾病等问题严重困扰人们基本生活的背景下，西方社会保障理论逐渐发展起来。德国的新历史学派就当时德国所面临的劳资问题，首次阐述了国家建立社会保障制度的必要性。1920 年，"福利经济学之父"阿瑟·塞西尔·庇古（Arthur Cecil Pigou）出版了《福利经济学》一书，认为社会保障是能够扩大国家"经济福利"的调节机制。学术界为了区别后期发展起来的（新）福利经济学，将庇古的福利经济学称为旧福利经济学。新福利经济学认为，社会保障政策是国家处理好公平与效率矛盾的政策措施之一。20 世纪 30 年代，以凯恩斯为代表的凯恩斯经济学作为社会保障经济理论应运而生。凯恩斯认为，决定一个国家的生产和就业状况是有效需求，当国家的总体需求不足时，政府应该通过采取稳健的货币政策，增加财政支出，扩大就业，从而保证社会福利。20 世纪 70 年代末，由于传统福利国家福利开支过大导致国家发展面临困境，凯恩斯理论开始受到各界质疑，于是出现了以新剑桥学派为主的社会保障理论、货币主义的社会保障理论、供给学派的社会保障理论。虽然西方社会保障理论经历了变迁，但是其本质是追求公平，目标是满足公民基本生活水平的需要。由于住房保障是我国社会保障体系中的一项重要内容，所以社会保障理论也是保障性租赁住房发展的重要理论依据。

三、离散选择理论

离散选择理论的发展为微观选择模型的发展提供了基础，美国经济学家

---

① 百度百科. 社会保障［EB/OL］.［2023-08-23］. https://baike.baidu.com/item/%E7%A4%BE%E4%BC%9A%E4%BF%9D%E9%9A%9C/489?fr=ge_ala.

麦克法登（Daniel L.McFadden）的开创性贡献是他在1974年以随机效用假设为前提提出的Logit离散选择模型（Kenneth，2003）。在一个由多个离散变量组成的多个备选方案中，人们从其中选出一个备选方案的可能性，是由这个备选方案所产生的效益来决定的。麦克法登基于离散选择的基本原理，通过描述连续与离散两种情况下的被选项目集的差别，建立了一种新的离散选择模型。这一差别可以用"品质"一词进行描述，很多人在做决定时关心的是事物的多少，这是关于数量上的选择，而他们的抉择是以一个连续的变数来描述的，但是在选择哪一个时，这是非数量或者说是关于品质的选择，其选择项集合则通过离散变量来表示（何亚娜，2023）。该模型被广泛用于商品、交通模式、职业、居住地和住房的选择中。人们考虑是否选择租住保障性租赁住房时往往会受到多种因素的影响，而这些影响因素组成的集合需要通过离散变量进行表示，因此，离散选择理论也是研究保障性租赁住房租赁意愿影响因素的理论依据。

四、职住平衡理论

职住平衡理论最早可追溯到20世纪初霍华德（Howard，1902）的"城市居住需求"的思想。霍华德认为城市的规模应当足以提供丰富的社会生活空间，但不能一味扩张。在新区域发展时，要注意居住地与就业地的科学分布，并发展完善的公共基础设施。随着工业革命的发展，"居住需求失衡"也日益严重，芬兰建筑师艾里尔·沙里宁（Eliel Saarinen，1945）提出了城市需求层次理论，他认为阶级群体与身份群体应当区分为两个概念，从生产能力和获得劳动报酬的能力，可以对阶级群体进行划分，而身份群体则是通过消费能力与生活习惯来区分。美国学者John Kain（1968）提出空间不匹配假设，发现通过缩小就业和住房之间的空间障碍可以显著改善弱势群体的经济前景。这一假设引导试图解决贫困人口就业困难的诸多空间规划政策。美国学者Mumford（2018）进一步阐述说明了Howard城市居住需求的思想，他认为城市和乡村可以通过对区域面积、居住人口数量以及居住密度等方面的规划来实现匹配。Maclennan（2018）认为英国城市中的低收入人群，存在与美国内城区弱势群体性质类似的职住不匹配问题。因为就业技能水平低下，经济能力没有达到可以购买或租赁私房的水平，因而无法居住到符合自身需求的住房区域等一系列问题（刘望保、侯长营，2018）。

五、空间自相关理论

托布勒（Waldo Tobler）著名的"地理学第一定律"："地理事物或属性在空间分布上互为相关，而相近的事物相互间的关联更为紧密"。空间自相关为研究这种空间格局现象提供了非常重要的分析方法，主要是研究空间事物某属性是否存在高高相邻分布或高低错落分布。空间自相关分析分为全局莫兰指数和局部莫兰指数。全局空间自相关是展示属性特征值在整体空间的分布状况，分析该属性特征值在整体空间是否有聚集特性的现象，但不能指出具体聚集在哪些区域；局部空间自相关展示的是某区域周边近似属性特征值的空间集聚程度，有利于探索集聚中心的空间位置。空间自相关最重要的指标之一就是Moran's I值，Moran's I＞0表示要素的分布呈空间正相关性，值越大，相关性越明显；Moran's I＜0表示要素的分布呈空间负相关性，值越小，差异越大；Moran's I＝0表示要素的分布呈随机性。ArcGIS根据Morann's I的计算开发了增量空间自相关工具，其本质是在多个距离值上进行空间自相关性的测量。本书利用ArcGIS的空间自相关分析"聚类异常值分析"工具，如果局部Moran's I值＞0并且通过检验时，意味着该空间单元与邻近单元的属性相似，即结果会呈现出高高聚集或低低聚集；如果局部Moran's I值＜0，意味着该空间单元与邻近单元的属性相异，即结果会呈现出低高聚集或高低聚集。由此可以看出某一属性值在空间上的集聚程度和集聚区域的分布。

第二节　研究思路和内容框架

本书首先基于发展保障性租赁住房的政策要求、理论依据和现实基础，提出研究上海保障性租赁住房发展的理论意义和现实意义；其次，就上海保障性租赁住房的主要保障群体——新市民、青年人的保障性租赁住房的租住特征、政策需求、空间需求和租赁意愿的影响因素进行研究；再次，分别就新市民、青年人中的一线工作人员、重点产业人才这两大重要群体的保障性租赁住房需求进行研究，包括对一线工作人员保障性租赁住房的需求和选址研究，以及对重点产业人才租住保障性租赁住房的租住需求、政策需求、空间需求和租赁意愿的影响因素分析；然后，以国家发展保障性租赁住房的相关政策为导向，结合上海保障性租赁住房发展的现实基础和保障群体的实际需求，梳理当前保障性租赁住房发展的重点、难点以及面临的挑战；最后，借鉴国内外发展保障性租赁住房的经验，结合上海实际情况，提出优化完善保障性租赁住房发展的基本思路和对策建议（图2.1）。

本书由九章内容构成，其中：

第一章论述了本项研究的研究背景和研究意义，梳理了国内外相关研究现状，界定了研究中所涉及的保障性租赁住房、新市民、青年人、人才等相关概念，并对本项研究所采用的一手数据的来源进行了简要说明。

第二章梳理了发展保障性租赁住房的相关理论，介绍了本项研究的研究思路和主要内容。

第三章回顾了国家及上海的保障性租赁住房发展历程，深入分析了上海保障性租赁住房发展的现状和基础，探讨了上海保障性租赁住房发展中存在的问题。

第四章研究了上海新市民、青年人的保障性租赁住房需求。鉴于保障性租赁住房的主要保障对象是新市民、青年人，故本章通过对新市民、青年人进行问卷调查获得的一手数据和相关统计数据，分析该人群关于保障性租赁住房的租住特征、租住意愿、政策需求和空间需求，并研究影响该人群租住意愿的因素有哪些，以期从总体上摸清主要保障对象的租赁需求，为保障性租赁住房的建设发展更好地满足于需求提供参考。

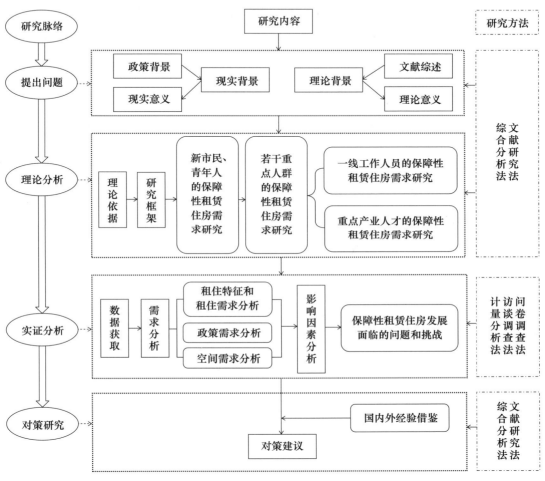

图 2.1　技术路线图

第五章聚焦新市民、青年人中的一个特殊人群——为城市运营提供基本服务的建设和管理服务一线工作人员，通过一手的问卷调查数据和相关统计数据，分析他们关于保障性租赁住房的租住特征、租住需求，并基于他们的实际需求研究保障性租赁住房的区位选址。

第六章聚焦上海重点产业发展所需的企业人才，通过一手数据研究他们对于保障性租赁住房的租住特征、租住意愿和政策需求，以及租住意愿的影响因素。

第七章以国家发展保障性租赁住房的相关政策为导向,基于问卷调查以及与相关主体的访谈获得的一手数据,结合上海保障性租赁住房发展的现实基础和新市民、青年人的实际需求,梳理上海保障性租赁住房发展的重点和难点,分析研判可能制约上海保障性租赁住房发展的瓶颈问题。

第八章基于伦敦、东京、新加坡、巴黎等全球性大城市住房体系中与保障性租赁住房对标的概念,以享受政策支持的非产权住房为研究对象,系统研究了这些城市保障性租赁住房的发展历程、发展理念、相关政策制度、发展状况,并总结值得上海借鉴的相关经验。另外,还对国内相关城市发展保障性租赁住房的经验进行了梳理和总结。

第九章基于前述各部分的研究结论,主要是借鉴国内外发展保障性租赁住房的经验,结合上海发展保障性租赁住房的现实基础和面临的挑战,提出上海发展保障性租赁住房的思路与对策建议。

(撰稿人:张黎莉、陈圆圆)

第三章　保障性租赁住房发展历程和现状

第一节　住房保障制度的发展历程

住房保障制度作为住房制度的重要组成部分，旨在解决住房市场化所带来的一系列社会问题，因此，住房保障制度的演变又与住房制度的发展改革历程不可分割。通过梳理不同时期国家及上海住房保障政策与相关文件发现，作为改革开放的"排头兵"和创新发展的先行者，上海住房保障制度的逐步演化与国家住房保障制度的发展历程紧密相关，并为其他城市住房保障制度的建立健全起到了示范作用。

一、国家住房保障制度的发展脉络

从新中国成立初期到现在，我国住房保障政策制度因历史阶段任务不同、人民住房问题的阶段性不同而不断变化完善。回望国家层面住房保障制度的政策演变与历史沿革，虽然不同学者对住房保障制度演变历程阶段的划分略有差异（肖艺，2020；王胜男，2020；陈星蓉等，2023），但切分住房保障制度发展不同阶段主要依据国家、地方政府出台相关政策文件及广泛实施重要举措的时间节点而决定。在借鉴楼建波（2022）和胡川宁（2016）分别梳理的1978年以来国家住房保障制度发展历程的基础上，笔者将我国住房保障制度发展阶段划分为改革探索时期（1978—1998年）、深化推进时期（1998—2003年）、收缩调控时期（2003—2007年）、回归创新时期（2007—2015年）和租购并举制度完善时期（2015年至今）。

（一）改革探索时期（1978—1998 年）

1978 年 4 月，中共中央第三次全国城市工作会议印发《关于加强城市建设工作的意见》提出一些城市由于过大的人口密度和建筑密度从而造成住房紧张的突出问题，并厘定了此后城市建设和发展工作的基本思路。1978 年 12 月召开的十一届三中全会将国家引入全面改革开放阶段，住房问题也成为实施改革的关键领域。1980 年，邓小平同志提出拓宽解决住房问题的具体路径，探索允许"私人建房或者私建公助、分期付款"的住房制度改革思路，提出住房商品化的总体构想，要求对城镇住房制度实施一系列的、全面的改革，开辟了解决城镇住房问题的新道路。随着经济体制改革的不断推进、城镇化建设水平的不断提高，住房制度改革逐步推进，各城市对实施住房制度改革逐步形成了共识。1980 年 5 月，《关于加强住宅建设工作的意见》（（80）建办发字 219 号）提到西安、南宁等城市开始实施私人建房和住房出售的试点工作等举措。

1988 年，《国务院关于印发全国城镇分期分批推行住房制度改革实施方案的通知》（国发〔1988〕11 号），再次明确"住房制度改革是经济体制改革的重要组成部分"，并首次提出住房制度改革的目标是"实现住房商品化"，明确了改革的主要内容、具体任务步骤和若干具体政策，如调整公房租金、发放住房券、建立住房基金、组织公有住房出售等。该政策被认为是后续出台的间接住房保障制度的发展起点（楼建波，2022）。

1994 年，国务院发布《国务院关于深化城镇住房制度改革的决定》（国发〔1994〕43 号），首次提出要"建立以中低收入家庭为对象、具有社会保障性质的经济适用住房供应体系"，标志着我国住房保障制度的正式建立。同年，建设部出台《建设部 1994 年实施"安居工程"意见》（建房〔1994〕第 327 号），提出安居工程以改善居民的住房条件为目标，建设出售平价住宅，加快解危解困。建设部等部门联合颁布《城镇经济适用住房建设管理办法》（建房〔1994〕761 号），并对经济适用住房的建设用地、建设管理、建设资金及定价标准等方面作出了相应规定。1995年,《建设部实施国家安居工程的意见》(建房〔1995〕第110号)明确国家安居工程是为推动住房制度改革,加快城市住宅建设及解危、解困和建立住房新制度的重大举措,并提出安居工程建设需要与"当地经济适用住房计划、住宅建设计划、住宅发展规划以及住房解困解危工作"紧密结合。国家安居工程从1995年开始实施,目标在第九个"五年计划",即2000年前新增安居工程建筑面积1.5亿平方米[①],标志着住房保障制度已初具雏形。

第一阶段的住房制度市场化改革处于探索阶段,住房制度向"住房商品化"推进。同时,政府也逐渐意识到住房商品化无法完全解决居民住房难的问题,住房保障制度应运而生。在此阶段,我国住房供应体系内主要有出售公房、集资合作建房和安居工程住房、经济适用房等品种,其中,国家安居工程住房和经济适用房与房改工作紧密相关。可以看出,具有保障性质的住房在住房体系中占有重要地位,但就保障对象和保障方式而言,仍显笼统单一(楼建波,2022)。保障方式也仅有产权型住房,租赁住房的救助保障仅为租金补贴。

(二)深化推进时期(1998—2003年)

随着商品住房的建设供应与住房实物分配工作同时推进,对居民货币购买商品住房的积极性造成一定负面影响。1998年,国务院发布住房制度改革标志性文件《国务院关于进一步深化城镇住房制度改革加快住房建设的通知》(国发〔1998〕23号),明确逐步推行住房分配货币化,停止住房实物分配。文件还提出了"建立完善以经济适用房为主的多层次城镇住房供应体系",对不同收入家庭实行差异化住房供应政策及供应体系,即最低收入家庭租赁廉租住房,中低收入家庭购买经济适用住房,高收入家庭购买或租赁

---

① 中国政府网. 国务院办公厅关于转发国务院住房制度改革领导小组国家安居工程实施方案的通知:国办发〔1995〕6号〔EB/OL〕.(2010-06-06)〔2023-10-11〕. https://www.mohurd.gov.cn/gongkai/fdzdgknr/zgzygwywj/200108/20010821_155404.html.

市场价商品住房。其中，为促进居民购买住房，经济适用房按"保本微利"原则，实行政府指导价。同时，房价收入比在4倍以上且住房面积未达标的职工还可获得住房补贴。

随后，建设部分别于1999年和2000年出台《城镇廉租住房管理办法》（中华人民共和国建设部令〔1999〕70号，已失效）与《建设部关于进一步规范经济适用住房建设和销售行为的通知》（建住房〔2000〕196号，已失效），对廉租住房和经济适用房的定位、保障对象、保障范围等方面做出了明确的规定，以更好地解决低收入和中低收入家庭住房困难。此外，自1991年上海市通过学习新加坡公积金制度的成功经验，率先建立了具有中国特色的住房公积金制度以来，住房公积金制度逐步推广至全国各地。1999年4月，（中华人民共和国国务院令第262号）《住房公积金管理条例》，标志着我国住房公积金制度步入了规范化、法制化发展阶段。由此，廉租住房、经济适用房和住房公积金制度政策框架初步形成，为城镇中低收入家庭提供住房保障。

在这一阶段，国家首次将无力购买商品住房与经济适用房的低收入群体纳入住房保障范围，以新增只租不售的廉租住房品种，拓宽了原有产权型的单一住房保障实物供应体系，住房保障制度得以不断完善，住房保障的社会救助属性愈加凸显。

（三）收缩调控时期（2003—2007年）

2003年，国务院发布《国务院关于促进房地产市场持续健康发展的通知》（国发〔2003〕18号），强调"加快建立和完善适合我国国情的住房保障制度"，首次明确"经济适用住房是具有保障性质的政策性商品住房"，并提出以财政预算资金为主切实稳定住房保障资金来源，最低收入家庭住房保障以发放租赁补贴为主。此后，《城镇最低收入家庭廉租住房管理办法》（建设部令第120号，已失效）、《经济适用住房管理办法》（建住房〔2004〕77号，已失效）等有关廉租住房和经济适用住房的政策文件相继出台，将廉租住房和经济适用住房的保障对象调整为城镇低收入住房困难家庭,并明确了经济适用住房"政府组织协调、企业市场运作"的开发建设原则。自此,解决城镇中等收入家庭的住房困难问题由政府"限价商品住房"起主要承担作用。

此外,由于《国务院关于促进房地产市场持续健康发展的通知》(国发〔2003〕18号)提出"调整住房供应结构,逐步实现多数家庭购买或租赁普通商品住房"的目标,明确了住房保障供给政策导向上的改变,即经济适用房在住房供应体系的主体地位逐步被市场化商品住房所取代,住房保障制度中,廉租住房逐步成为政策重心。保障房的开发建设与供应整体上处于全面收缩阶段。

根据《关于城镇廉租住房制度建设和实施情况的通报》(建住房〔2006〕63号)文件,截至2005年年底,全国291个地级市中,已有221个城市实施了廉租住房制度,占比达到75.9%。全国已有32.9万户最低收入家庭被纳入廉租住房保障范围,其中,实物配租保障约4.7万户。然而,部分城市存在"廉租住房制度覆盖面小、政策体系尚不完善、对廉租住房制度建设的重视不够,没有建立稳定的资金来源渠道、财政预算安排资金不足"等问题。

(四)回归创新时期(2007—2015年)

随着住房市场的持续活跃和房地产行业的高速发展,过快上涨的房价导致居民住房负担加重,住房水平下降,住房困难问题逐渐加剧。在此背景下,优化住房保障制度以更好解决住房困难问题重新回到政府对住房市场调控的政策工具箱。2007年,《国务院关于解决城市低收入家庭住房困难的若干意见》(国发〔2007〕24号),明确各城市"廉租住房制度建设相对落后,经济适用住房不够完善,政策措施尚不配套,城镇低收入家庭住房仍比较困难"四类问题,提出通过扩大廉租住房保障范围、确保保障资金来源等方式,"加快建立健全以廉租住房制度为重点、多渠道解决城市低收入家庭住房困难的住房保障政策体系"。同时,通过规范住房供应对象,有效衔接廉租住房保障对象、加强单位集资合作建房管理、严格上市交易管理等方式改进和规范经济适用住房制度。

2008年，国务院发布《国务院办公厅关于促进房地产市场健康发展的若干意见》（国办发〔2008〕131号），提出通过"加大廉租住房建设力度、加快实施林区、垦区等棚户区改造工程和加强经济适用住房建设"三类手段，争取在3年内基本解决城市低收入住房困难家庭及棚户区改造问题。由此，以棚户区改造为重要内容的保障性安居工程建设拉开帷幕。据住房和城乡建设部公布数据，2008年至2017年的十年时间里，全国棚改累计开工3896万套，约1亿人"出棚进楼"圆梦安居，实现了居住条件的大幅提升[①]。文件也首次关注到了"夹心层"，要求在坚持住房市场化和对低收入住房困难家庭实行住房保障的同时，"对不符合廉租住房和经济适用住房供应条件，又无力购买普通商品住房的家庭"，采取发展租赁住房等多种方式，因地制宜解决其住房问题。

2009年，国务院政府工作报告中首次提到"积极发展公共租赁住房"（以下简称"公租房"）。对无力通过市场租赁或购买住房的中等偏下收入住房困难的"夹心层"家庭，采用公租房来缓解其阶段性住房支付能力不足的问题，提升居住条件。2010年，住房和城乡建设部等七部门出台《关于加快发展公共租赁住房的指导意见》（建保〔2010〕87号）对公租房建设原则、保障范围、租赁管理、政策扶持等方面作出了进一步的明确，公租房的主要供应对象为城市中等偏下收入住房困难家庭，其中，"有条件的地区可以将新就业职工和有稳定职业并在城市居住一定年限的外来务工人员纳入供应范围"。2011年，《国务院办公厅关于保障性安居工程建设和管理的指导意见》（国办发〔2011〕45号）明确保障性安居工程的建设重点转向推进公租房的建设。2012年住房和城乡建设部发布《公共租赁住房管理办法》（中华人民共和国住房和城乡建设部令第11号），明确了公租房在分配、运营、使用、退出和管理等方

---

① 中国政府网. 棚改10年：上亿人"出棚进楼"[EB/OL].（2018-11-2）[2023-09-3]. https://www.gov.cn/xinwen/2018-11/28/content_5343982.htm.

面的具体规定。

随着公租房和廉租住房的不断推进，为了两个制度间有序衔接、互相补充，提高保障房资源配置效率，避免资源闲置浪费现象，2013年，住房和城乡建设部、财政部、国家发展改革委联合印发《关于公共租赁住房和廉租住房并轨运行的通知》（建保〔2013〕178号），规定从2014年起将廉租住房并入公租房体系运行管理，原资金来源调整用于公租房。接着，住房和城乡建设部于2014年发布《住房和城乡建设部关于并轨后公共租赁住房有关运行管理工作的意见》（建保〔2014〕91号），提出公租房保障对象将覆盖原廉租住房保障对象。2015年，中央经济工作会议指出，要"将公租房政策扩大到非户籍人口"。此后，各省市公租房体系对于城镇居民户籍的限制逐步放开。

在这一阶段，恰逢2008年国际金融危机持续蔓延，为有效遏制各城市房价过快上涨，切实解决城镇部分居民住房困难问题，住房保障制度充分发挥了调节市场供需以及扶持和救助城镇中低收入住房困难家庭的重要作用。住房保障制度经由多次政策调整，公租房成为继经济适用住房、廉租住房、限价房及棚改安置住房之外的新品种；同时，城市夹心层群体和外来务工人员群体住房问题的解决也得到了有效的住房政策保障。租赁型保障房及相关政策的重要性日益凸显。同时，保障房建设量稳质升，进入发展"快车道"。根据官方数据，自2008年大规模实施保障性安居工程以来，截至2018年年底，全国城镇保障性安居工程合计开工约7000万套。其中，公租房（含廉租住房）1612万套、经济适用住房573万套、限价商品住房282万套、棚改安置住房4522万套，近2200万低收入住房困难群体领取了租赁补贴[①]。

（五）租购并举制度完善时期（2015年至今）

2015年11月，习近平总书记在中央财经领导小组第十一次会议上，首

---

① 中国政府网．努力实现让全体人民住有所居——我国住房保障取得历史性成就［EB/OL］．（2019-08-17）［2023-08-16］．https://www.gov.cn/xinwen/2019-08/17/content_5421814.htm.

次提出推进供给侧结构性改革。同年 12 月，中央经济工作会议提出"深化住房制度改革方向，以满足新市民住房需求为主要出发点，以建立购租并举的住房制度为主要方向"。2017 年，习近平总书记在中国共产党第十九次全国代表大会中提出坚持"房子是用来住的、不是用来炒的"的定位，加快建立多主体供给、多渠道保障、租购并举的住房制度，让全体人民住有所居"。2016 年，《国务院关于深入推进新型城镇化建设的若干意见》（国发〔2016〕8 号）明确"以满足新市民的住房需求为主要出发点，建立购房与租房并举、市场配置与政府保障相结合的住房制度，健全以市场为主满足多层次需求、以政府为主提供基本保障的住房供应体系"。同时，文件还规定，对于城镇住房保障体系，由以往的"实物与租赁补贴相结合逐步转向租赁补贴为主"。这标志着国家对住房保障的主要形式发生了调整，逐步由供应端的实物保障转变为以提高住房可负担性为目的的需求端货币补贴（楼建波，2022）。

2017 年，《住房和城乡建设部 国土资源部关于加强近期住房及用地供应管理和调控有关工作的通知》（建房〔2017〕80 号），提出要从"多渠道解决中低收入家庭、新就业职工和稳定就业的外来务工人员的住房问题"，进一步扩大公租房保障范围，推进公租房货币化，实行实物保障与租赁补贴相结合的保障方式。同年 9 月，《住房城乡建设部关于支持北京市、上海市开展共有产权住房试点的意见》（建保〔2017〕210 号）要求在"坚持政府引导、政策支持，充分发挥市场机制推动作用"的前提下，在北京市、上海市开展共有产权住房试点。同年 12 月的中央经济工作会议和 2018 年 3 月举行的十三届全国人大一次会议分别进一步明确了加快建立多主体供给、多渠道保障、租购并举的住房制度的发展方向。

2019 年，《住房和城乡建设部 国家发展改革委 财政部 自然资源部关于进一步规范发展公租房的意见》（建保〔2019〕55 号）明确住房保障的定位，即在"解决群众住房问题中发挥补位作用"，城镇住房保障体系主要由配租型的公租房和配售型的共有产权住房构成，努力解决"低保、低收入住房困难家庭、中等偏下收入住房困难家庭、新就业无房职工和在城镇稳定就业外来务工人员等新市民"的住房困难问题。

2020年12月，中央经济工作会议强调要"解决好大城市住房突出问题，并高度重视保障性租赁住房建设，加快完善长租房政策，逐步使租购住房在享受公共服务上具有同等权利"①。2021年3月，时任国务院副总理韩正多次在参加有关座谈会时讲话提出，要加大政策支持力度，要解决好大城市住房突出问题，大力增加保障性租赁住房供给。

2021年6月，《国务院办公厅关于加快发展保障性租赁住房的意见》（国办发〔2021〕22号）提出"加快完善以公租房、保障性租赁住房和共有产权住房为主体的住房保障体系，充分发挥市场机制，引导多主体投资、多渠道供给，解决新市民、青年人等群体的突出住房困难问题，缓解住房租赁市场结构性供给不足，推动建立多主体供给、多渠道保障、租购并举的住房制度"。此后，住房和城乡建设部、财政部、中国银保监会等多部门分别对保障性租赁住房税收、建设标准、贷款、监测评价等方面制定了支持政策，以更好支撑保障性租赁住房长期发展。文件的出台在降低租赁住房的用地成本、建立闭环审批政策机制、创新项目认定书以及细化各项扶持政策、给予市场主体稳定发展预期等方面起到了至关重要的作用②。

在这一阶段，构建购买和租赁并举的住房制度成为住房领域的政策重心。在国家层面上逐渐意识到住房供应体系结构性失衡以及住房租赁市场结构性供给不足的问题，对住房租赁市场的重视度越来越高。住房制度的发展方向也由购租并举转向租购并举，住房租赁市场的地位进一步抬高。在

---

① 中国政府网. 中央经济工作会议举行 习近平李克强作重要讲话［EB/OL］.（2020-12-18）［2023-08-21］. https://www.gov.cn/xinwen/2020-12/18/content_5571002.htm.
② 中国政府网. 发展保障性租赁住房——缓解新市民和青年住房困难［EB/OL］.（2021-07-29）［2023-08-23］. https://www.gov.cn/zhengce/2021-07-29/content_5628094.htm.

住房保障制度中，产权型和租赁型住房保障体系间的界限更加明显，共有产权住房作为产权型住房保障的重要形式，以政府和产权人共同持有住房产权份额的形式，改善城镇中低收入住房困难家庭居住条件。同时，租赁型住房保障得到更多重视与政策倾斜，其解决城镇中低收入住房困难群体及新市民、青年人等非户籍外来务工群体阶段性住房问题的作用得以更加凸显。

二、上海住房保障制度的发展脉络

自改革开放以来，上海一直积极对接国家层面的住房保障制度政策要求，结合上海不同时期的经济发展状况、居民住房水平、房屋居住价格、城镇化推进水平等情况，因地制宜探索超大城市住房保障新路径，持续动态调整上海的住房保障制度，加快构建完善符合超大城市发展需求的住房保障制度。根据学界多数研究的分类依据，上海的住房保障制度发展历程具体可分为四个阶段（傅益人，2018；向云丰，2021）：

（一）以政府为主的住房保障体系探索起步阶段（1950—1979年）

解放初期，上海城市住房缺乏供应，建设资金主要由业主个人或用人企业筹措，棚户、简屋等居民自行搭建的住宅布局凌乱、居住条件较为恶劣。为改善居民住房条件，同时适应工业发展的需要，疏散中心城区人口并缓解其住房困难，上海市政府开始分阶段、有计划、有重点地开展住房建设①，为市区边缘新建的10个近郊工业区周边配套建设了若干住宅新村，如彭浦新村、上钢新村等。同时，上海也通过改造中心城区部分旧住宅，一定程度上改善了旧住宅的使用功能和居住条件。

1950—1979年，上海住房政策以公房福利分配政策为主，居民获取住房

---

① 上海通. 上海住宅建设志总述［EB/OL］.（2007-03-08）［2023-08-22］. https://www.shtong.gov.cn/difangzhi-front/book/detailNew?oneId=1&bookId=75091&parentNodeId=75163&nodeId=90931&type=-1.

渠道一般分为三种方式：一是单位福利分房；二是政府发挥托底作用，向人均居住 2.5 平方米以下的住房特困户分配住房；三是少量购买市场化住房，主要为内外销商品房，由于居民住房收入普遍低下且缺少住房贷款制度，因此只有少部分居民通过市场购买的方式解决住房困难问题。在此阶段，上海设立了公房建设委员会，诞生了许多单位福利分房制度下的工人新村，基本解决了工业企业职工的住房问题，同时通过政府分房政策，人均居住面积 1.2 平方米以下的住房"特困户"问题也被有效解决，到 1978 年底，上海初步建立了市区两级的住房供应体制，并以政府为主承担解决居民住房困难，实行基本住房保障的主体责任，具体保障形式为单位福利分房和政府分配住房。然而，在此期间，多数居民住房困难问题仍然突出。据统计，1949—1978 年，上海政府部门共投资约 15.7 亿元，共建成住宅 2009 万平方米，年住宅竣工面积从 1950 年的 3.19 万平方米增长到 1978 年的 199.61 万平方米[①]，共解决了上海 45.45 万户居民的居住困难问题（吴鸿根，2008）。但住房供应增长较规模庞大的需求仍显不足。1950 年，上海市区的人均居住面积为 3.9 平方米，到了 1978 年人均居住面积为 4.5 平方米，29 年内人均居住面积只增加了 0.6 平方米，整体住房条件并未得到显著提升。

（二）多主体住房保障体系的逐步完善阶段（1980—1999 年）

20 世纪 80 年代，由于早期生育高峰以及外地知青返沪等因素影响，上海常住人口规模迅速增长导致住房建设供应速度难以及时充分满足持续扩张的住房需求。由于住房供应严重不足，上海人均住房居住面积逐年下降，住房矛盾日益尖锐。据统计，20 世纪 80 年代中期，全市 180 万户常住家庭中，人均居住面积低于 4 平方米的家庭有 21.6 万户[②]。

---

① 上海通. 上海住宅建设志附录一：1950 年—1995 年上海住宅建设投资和竣工面积统计［EB/OL］.（2007-03-08）[2023-08-22]. https://www.shtong.gov.cn/difangzhi-front/book/detailNew?oneId=1&bookId=75091&parentNodeId=75191&nodeId=90067&type=-1.

② 上海通. 2009-10-08：上海正建立房地产市场与住房保障两大体系确保"居更佳"［EB/OL］.（2009-10-09）[2023-08-22]. https://www.shtong.gov.cn/node70344/20210701/108774.html.

为积极响应国家住房制度改革，1980年3月，上海开始推进住宅建设体制改革，市住宅建设工作会议提出"国家统建和企业自建相结合，住宅建设和城市改造相结合，新建和挖潜相结合"的住宅建设方针，实行多渠道集资、多层次建房，探索实行国家统建住宅出售和住房商品化试点。上海以政府征地为主建造了大规模居住区，缓解了住宅建设用地的紧缺。1982年，中共上海市委、市政府颁布《关于加快住宅建设若干问题的决定》，明确在"'六五'期间新建1500万～1800万平方米住宅，其中解决特别困难户用房600万～900万平方米"，并逐步推进住宅建设的投资体制和分配机制改革，强化职工所在单位保障住房问题的责任，由政府统包转变为政府与企业共同承担解决居民住房困难问题。1983年，上海成立市住宅建设指挥部，各区相继成立住宅建设办公室，各企事业单位也分别成立住宅建设办公室，按自建自分的原则积极投资建房，统筹解决本单位职工住房困难问题[①]。

1984年，上海市政府批准实施《上海市出售商品住房管理办法（试行）》，采取补贴出售商品住房政策，规定一般标准商品住房每平方米建筑面积出售基价为360元，职工个人购买至少三分之一的份额，其余部分由国家或企事业单位补贴。1986—1987年，上海积极推动"联建公助"和"合作建房"模式，通过组建住宅合作社及工联住宅合作社，规定参加合作社的住房困难职工家庭的建房资金由家庭承担总造价的三分之一，其余资金由所在单位资助获得。1984—1987年，全市共补贴出售商品房49.8万平方米（吴鸿根，2008）。1988年后，上海在黄浦区开启旧公房出售试点工作，以建设成本三分之一的优惠价出售给租住在该公房的住房困难职工家庭。

1991年，经国务院批复的《上海市住房制度改革实施方案》正式出台，为进一步深化住房制度改革打下了基础。文件明确了上海住房制度改革的具体方案，推行公积金、提租发补贴、配房买债券、买房给优惠、建立房委

---

① 上海市房地产科学研究院. 上海住房保障体系研究与探索［M］. 北京：人民出版社，2012.93-97.

会等"五位一体"的系统性住房制度改革。1995年,《上海市人民政府印发上海市安居工程实施方案》(沪府发〔1995〕42号)提出"以成本价向中低收入家庭出售安居房"的形式,"加快解决本市中低收入家庭住房困难户的居住问题,建立社会主义市场经济条件下具有社会保障性质的住房供给机制"。安居房的建设资金由国家、单位、个人三方共同负担。同年,《上海市人民政府办公厅关于印发至20世纪末上海市深化住房制度改革规划的通知》(沪府办发〔1995〕51号),明确建成的安居房按成本价向中、低收入家庭无房户、危房户和住房困难户出售。同时,文件根据职工家庭不同收入水平,划分三类群体的住房解决方式,并规定高收入家庭的住房由市场提供,中收入家庭购买政府和单位提供的成本价房(安居房),低收入家庭租赁政府和单位提供的公有住房,是上海今后住房保障制度下不同品种保障房的雏形。

1998年,随着国家住房制度改革全面推开,《国务院关于进一步深化城镇住房制度改革加快住房建设的通知》(国发〔1998〕23号),确定停止职工住房实物分配,实行住房分配货币化制度,新增划拨土地建设经济适用房等规定。1999年,上海出台《关于进一步深化本市城镇住房制度改革的若干意见》(沪府发〔1999〕38号),明确停止住房实物分配,并建立以最低收入家庭为对象的住房保障体系,明确由政府和单位提供一定数量的公有住房,供最低收入住房困难家庭租住。同时,计划"在2000年前以各单位为主的形式,完成全市人均居住面积4平方米以下的住房困难家庭住房解困的重点任务"。

1980—1999年,上海充分发挥单位主体责任,通过多元化的资金和房源筹措渠道,探索"政府+单位+个人"三元住房保障支撑体系。此外,在我国城镇住房制度改革的起步阶段,上海作为各项住房政策的试点城市之一,分别在公房补贴出售、住房商品化、住房公积金、住房制度改革、建立健全住房保障制度等政策探索方面积极响应实践,主动发挥示范效应,不仅是在国家层面推进住房制度改革的重要实践，为各项政策在全国层面的广泛推行积累了宝贵经验，也是对聚集各方力量，共同推进上海住房保障制度建设的有益探索，为解决上海住房困难问题，改善本地居民的居住条件奠定了坚实基础。

（三）"四位一体"住房保障体系构建完善阶段（2000—2021年）

上海在全国率先试点廉租住房制度，2000—2005年是以廉租住房为重点的稳步推进阶段。2000年，《上海市人民政府关于批转市房地资源局制定的〈上海市城镇廉租住房试行办法〉的通知》（沪府发〔2000〕41号），明确了廉租住房资金的来源、配租住房的房源以及廉租住房申请条件和申请办法，规定以"提供租金补贴或低廉租金配租具有社会保障性质普通住房"的方式，将"符合最低生活保障标准且住房困难的城镇居民家庭"纳入住房保障范围。上海廉租住房制度创新采用了"货币补贴为主、实物配租为辅"的保障方式，同时通过设置收入和居住困难的"双困线"，逐步解决最低收入、住房困难户籍居民的住房问题。2003年，《上海市房屋土地资源管理局关于印发〈关于进一步扩大廉租住房受益面的实施意见〉的通知》（沪房地资廉〔2003〕521号），进一步扩大了廉租住房保障范围并适度提高了对廉租对象的租金补贴标准，将更多户籍住房困难家庭纳入廉租住房范围。此后，随着经济社会发展和居民生活水平的改善，上海多次放宽廉租住房的收入线和住房困难线，并进一步强化了廉租住房在资金、配租、审核及合同等方面的规范化管理工作。截至2008年8月底，全市累计已有3.77万户享受了廉租住房保障，其中实物配租0.29万户，租金配租3.48万户，基本实现了应保尽保的目标（王晓光，2010）。

发展公租房是深化住房制度改革和加快完善住房保障体系的总体要求。伴随城市开发改造和城市基础设施建设进程加快，上海对于劳动力总量需求急剧增长，吸引了大量外来劳动力涌入，外来常住人口规模持续扩大。根据上海第六次全国人口普查数据显示，2010年，外省市来沪常住人口达到897.7

万人，而在15~39岁的青壮年人口中，外省市来沪人口占比高达56.9%[①]。上海常住人口中，部分居民因无力购买产权住房，又对市场化租赁住房可负担性较弱，造成群租房、违章搭建等问题日益突出（许璇，2016）。

因此，为进一步建立健全住房保障制度，扩大住房保障政策覆盖面，促进住房租赁市场的规范和健康发展，上海开始发展公租房。根据住房和城乡建设部等七部门《关于加快发展公共租赁住房的指导意见》（建保〔2010〕87号）精神，2010年，《上海市人民政府关于批转市住房保障房屋管理局等六部门制订的〈本市发展公共租赁住房的实施意见〉的通知》（沪府发〔2010〕32号），明确公租房是"政府提供政策支持，由市、区政府组织和扶持的专业机构采用市场机制运营，按略低于市场水平的租赁价格，向阶段性居住困难的青年职工、引进人才和来沪务工人员及其他常住人口等规定对象供应的保障性租赁住房"。此外，文件还提出结合旧城区改造、大型居住社区建设等项目，采取新建、配建、改建、转化、收购和代理经租等方式拓宽房源筹集渠道。此后，市政府相关部门先后制定了一系列配套政策，并积极推进公租房的建设供应。

2014年，为有效整合住房保障资源，提高政府资金和房源使用效率，促进租赁型住房保障专业化管理和可持续发展，按照《国务院办公厅关于保障性安居工程建设和管理的指导意见》（国办发〔2011〕45号）"逐步实现廉租住房与公共租赁住房统筹建设、并轨运行"的要求，上海市人民政府颁布《上海市人民政府批转市住房保障房屋管理局等五部门关于本市廉租住房和公共租赁住房统筹建设、并轨运行、分类使用实施意见的通知》（沪府发〔2013〕57号），打通廉租住房和公共租赁住房（除单位租赁住房）的房源使用，在廉租住房和公共租赁住房供应配租工作仍分别实施的前提下，明确"统一由公共租赁住房运营机构实施租赁管理"，有效减少了管理职能交叉重叠，降

---

① 上海市统计局. 上海人口发展特征与趋势［EB/OL］. （2011-09-20）［2023-08-20］. https://tjj.sh.gov.cn/tjfx/20110920/0014-232633.html.

低管理成本。

2009年，在参照建设部等七部门《经济适用住房管理办法》（建住房〔2007〕258号）的基础上，上海市政府第47次常务会议审议通过《上海市经济适用住房管理试行办法》。文件指出"经济适用住房为政府提供政策优惠，按照有关标准建设，限定套型面积、销售价格及租金标准，面向本市城镇中低收入住房困难家庭供应的具有保障性质的政策性住房"。同样，文件中的经济适用住房制度也设置了户籍、收入财产和住房困难线，并对其管理供应、轮候、转让等方面作出了基本规定。2011年后，上海"有限产权"的经济适用住房统一命名为共有产权保障住房。2016年，上述文件正式失效，为更好对接国家住房保障制度，由《上海市共有产权保障住房管理办法》（上海市人民政府令第39号）替代，文件进一步明确了共有产权保障住房的建设管理、申请供应、供后管理、监督管理和法律责任等五个方面的具体管理规定。

2018年，《上海市人民政府办公厅转发市住房城乡建设管理委等九部门〈关于进一步完善本市共有产权保障住房工作的实施意见〉的通知》（沪府办规〔2018〕27号）明确聚焦"本市户籍中等或中等偏下收入住房困难家庭以及人才、青年职工常住人口群体"等两类群体。同时，将"在本市已婚、长期稳定工作、居住证积分达到标准分值且符合住房、收入和财产准入标准的非户籍常住人口"，纳入本市住房基本保障范围。

随着上海城市发展进入快车道，城区旧区改造项目进程不断加速，为解决被拆迁居民居无定所的住房问题，稳妥安置居民，上海自2003年启动建设供应征收安置住房。征收安置住房原称为配套商品房、动迁安置房，是指政府组织实施，提供优惠政策，明确建设标准，限定供应价格，用于上海房屋土地征收等项目居民安置的保障性安居用房。上海市人民政府先后出台《上海市人民政府关于批转市房地资源局制订的上海市配套商品房和中低价普通商品房管理试行办法的通知》（沪府发〔2005〕36号）和《上海市人民政府关于批转市住房保障房屋管理局制订的〈上海市动迁安置房管理办法〉的通知》（沪府发〔2011〕44号）对征收安置住房开发建设、供应和交易管理等方面作出了具体规定。

经过多年探索，截至2020年，上海基本形成"一个定位、两大体系、三个为主、四位一体"、租购并举的住房制度框架体系，具体包括：坚持"房子是用来住的、不是用来炒的"的定位；以居住为主、市民消费为主、普通商品住房为主的原则，规范发展房地产市场体系；构建廉租住房、公共租赁住房、共有产权保障住房、征收安置住房"四位一体"住房保障体系[①]，其中廉租住房对应的是国家层面的公共租赁住房，主要保障户籍人口中的最低收入及住房困难群众。上海公共租赁住房主要保障新市民和青年群体，入住的非户籍人口占比较高。据《上海市住房发展"十四五"规划》数据统计，截至2020年，上海廉租住房累计受益家庭13.4万户，公共租赁住房（含单位租赁住房）累计供应15万套，累计受益72万户，共有产权保障住房累计签约12.8万户[②]。

（四）多主体供给、多渠道保障、租购并举的住房保障新阶段（2021年至今）

为解决新市民、青年人等群体住房困难突出问题，加强住房的民生属性，扩大保障性租赁住房供给，缓解住房租赁市场结构性供给不足，促进实现全体人民住房所居，自2021年出台《国务院办公厅关于加快发展保障性租赁住房的意见》（国办发〔2021〕22号）以来，国家层面陆续出台了一系列政策支持，逐步明确了保障性租赁住房的基础制度和支持政策，进一步强化了公租房、保障性租赁住房和共有产权住房为主体的住房保障体系顶层设计。

---

① 上海市人民政府. 上海进一步完善租购并举的住房体系［EB/OL］.（2021-02-01）［2023-08-21］. https://www.shanghai.gov.cn/nw31406/20210201/3a68d352de1d41b3bf8b7f628d11320a.html.
② 上海市人民政府. 上海市人民政府办公厅关于印发《上海市住房发展"十四五"规划》的通知［EB/OL］.（2021-08-13）［2023-08-20］. https://www.shanghai.gov.cn/nw12344/20210813/ff7b1822347941db810af5a9b44083b8.html.

作为超大城市，上海也面临着新市民和青年人对保障类租赁住房的需求持续增强，而公共租赁住房资金后续不足、资源利用率不高，无法较好满足绝大多数新市民、青年人群体住房需求问题。为抓紧贯彻落实党中央、国务院关于解决大城市住房突出问题的决策部署，进一步缓解新市民、青年人住房困难，2021年11月，《上海市人民政府办公厅印发〈关于加快发展本市保障性租赁住房的实施意见〉的通知》（沪府办规〔2021〕12号）对保障性租赁住房准入条件、退出机制、租赁价格、户型标准、项目认定等方面及土地、金融相关配套支持政策作出了具体规定。同时，文件明确将上海"已有公租房、单位租赁房和享受政策支持的各类租赁住房中符合条件的房源将统一纳入保障性租赁住房管理"。

在此基础上，各相关部门先后制定出台10余项配套政策细则，形成了覆盖项目认定、土地供应、建设管理、改建纳管、园区配套、税费优惠到租金定价、供应管理、租赁服务全生命周期政策体系。2022年11月，上海市人大常委会审议通过地方性法规《上海市住房租赁条例》，设置保障性租赁住房专章，为保障性租赁住房规范管理提供了更为有力的法律支撑。

按照市委、市政府决策部署，"十四五"期间，上海计划新增建设筹措保障性租赁住房47万套（间）以上，到2025年年底，建设筹措达60万套（间）以上，形成供应40万套（间）左右。截至2023年6月，"十四五"以来全市合计新增建设筹措保障性租赁住房30万套（间），完成目标任务的64%。历年累计完成建设筹措42.7万套（间）、供应24.5万（间），完成"十四五"期末规划总量的71%和61%。

近年来，上海持续探索适合超大城市发展规律和特点的住房保障制度和相关政策体系。聚焦城镇户籍收入、住房"双困"家庭和住房困难的新市民、青年人两类群体，按照"保基本、全覆盖、分层次、可持续"的要求，通过系统性评估廉租住房、公共租赁住房等住房保障制度实施情况，努力做好各项政策间的有序衔接，上海逐步构建了包括廉租住房、保障性租赁住房（含公共租赁住房）、共有产权保障住房、征收安置住房在内的"四位一体"、租购并举①的住房保障体系，不断织密住房保障网络，住房保障政策覆盖面不断扩大。

第二节　上海保障性租赁住房发展现状

一、上海保障性租赁住房发展历程

上海保障性租赁住房体系由公共租赁住房和政策性租赁住房体系融合发展演变而来。

第一，基于上海公共租赁住房角度，2010年起，上海市住房保障房屋管理局等六部门《本市发展公共租赁住房的实施意见》确定了公共租赁住房的基础制度和发展方向。和其他部分省市仅面向城镇户籍的公共租赁住房制度不同，上海公共租赁住房的保障对象并不以户籍作为区分，而是明确"以上海市青年职工、引进人才和来沪务工人员及其他在沪合法稳定就业的常住人口为主"。为规范指导公租房的投资建设与运营管理，上海陆续颁布《本市公共租赁住房项目认定的规定》《上海公共租赁住房建筑设计导则》《市筹公共租赁住房准入资格申请审核实施办法》等政策文件，进一步明确了公租房项目认定、土地供应、建筑设计、财税金融支持、租赁管理等方面的要求及规范。上海公租房制度的发展完善也为保障性租赁住房体系的起步发展奠定了良好的基础。

第二，基于政策性租赁住房的角度，2019年，全国住房和城乡建设工作会议首次提出"重点发展政策性租赁住房，探索政策性租赁住房的规范标准

---

① 上海市房屋管理局. 聚焦市民居住品质改善需求　上海绘制安居宜居乐居"新图景"［EB/OL］.（2023-07-14）［2023-08-20］. http://fgj.sh.gov.cn/gzdt/20230724/cfef146ee5c04d5fb662238a277f4a5a.html.

和运行机制"。2019年以后，为加快解决新市民、青年人的住房困难，经国务院同意，住房和城乡建设部陆续推动广州市、杭州市、合肥市、济南市等13个城市相继开展政策性租赁住房试点工作[①]，重点发展面向新市民的小户型、低租金保障性租赁住房。2020年，全国住房和城乡建设工作会议再次重申"在人口净流入的大城市重点发展政策性租赁住房"。政策性租赁住房已经成为政府努力构建和完善保障性租赁住房体系工作的施政重点之一。2020年，住房和城乡建设部推动建设银行三年内提供3000亿元贷款，引导部分房地产开发企业参与发展政策性租赁住房。大部分试点城市初步探索出政府给政策、银行给支持、市场主体积极参与的政策性租赁住房可持续运作模式。同时，试点过程中也发现在用地、规划、审批、项目盈利能力等方面还存在困难。

王建红（2021）认为政策性租赁住房是指由政府给予政策支持，由符合条件的市场主体[②]投资建设面向非户籍和新落户的新就业大学生等城镇无房常住人口供应的符合规定质量标准的小户型、低租金的租赁住房。政策性租赁住房和2020年提出的"保障性租赁住房"均是由政府给予政策支持，充分发挥市场机制作用，引导多主体投资、多渠道供给，主要利用存量土地和房屋建设的租赁型住房保障品种。从政策性租赁住房的试点情况来看，发展保障性租赁住房对促进解决新市民、青年人住房困难问题较为切实可行（倪虹，2021），为后续推进保障性租赁住房打下了坚实的基础。

2020年12月，习近平总书记在中央经济工作会议上指出，"要高度重视保障性租赁住房建设"。2021年6月，国务院办公厅出台了《国务院办公厅关于加快发展保障性租赁住房的意见》。2021年7月，时任国务院副总理韩正主持召开加快发展保障性租赁住房和进一步做好房地产市场调控工作电视

[①] 赵展慧. 住建部部署在广州、沈阳、南京等13个城市开展政策性租赁住房试点［EB/OL］.（2021-02-03）［2023-08-21］. https://m.gmw.cn/baijia/2021/02/03/1302088943.html.
[②] 房地产开发企业、住房租赁企业、产业园区、国有企事业单位、金融投资机构等市场主体。

电话会议，强调"发展保障性租赁住房"要作为"十四五"住房建设的重点任务，明确指出，要把握好保障性租赁住房的政策重点，明确"保障对象"，坚持"保基本"，以小户型为主，注重实现"职住平衡"。按照"可负担、可持续"原则，建立科学的租金定价机制，因地制宜落实城市主体责任，加快发展保障性租赁住房。

2021年11月，《上海市人民政府办公厅印发〈关于加快发展本市保障性租赁住房的实施意见〉的通知》（沪府办规〔2021〕12号）（以下简称《实施意见》），提出扩大保障性租赁住房建设筹措和供应规模的同时，更要进一步优化保障性租赁住房配套政策的落实。此后，上海市住房和城乡建设管理委员会及其他相关部门围绕上述《实施意见》出台了一系列政策文件。

2022年1月，上海市住房和城乡建设管理委员会出台《关于印发〈上海市保障性租赁住房项目认定办法（试行）〉的通知》（沪住建规范联〔2022〕2号），明确了既有租赁住房项目和新实施项目认定的程序和规范。同月，出台《本市非居住存量房屋改建为保障性租赁住房的实施意见》（沪建房管联〔2022〕45号）规定了非居住用地申请改建保障性租赁住房的标准和改建规模。同月，上海市规划和自然资源局《关于印发〈关于本市保障性租赁住房规划土地管理细则〉通知》（沪规划资源用〔2022〕20号），对保障性租赁住房的规划、土地、不动产登记等方面的工作作出了明确要求。《上海市经济和信息化委员会市规划资源局市房屋管理局关于印发〈产业园区产业类项目配套建设保障性租赁住房建设指引（试行）〉的通知》（沪经信产〔2022〕40号），引导产业园区保障性租赁住房合理建设和规范运营。上海市发展和改革委员会颁布《关于本市非居住用地建设保障性租赁住房水电气、有线电视执行居民价格的通知》（沪发改价管〔2022〕1号），提出取得项目认定书的保障性租赁住房项目，用水、用电、用气、有线电视价格按照居民标准执行，并对保障性租赁住房项目实行清单制管理。

2022年2月，上海市住房和城乡建设管理委员会发布《关于印发〈上海市保障性租赁住房租赁管理办法（试行）》的通知》（沪住建规范联〔2022〕3号），明确了保障性租赁住房的准入条件、配租规则、供应标准及租赁价格期限等方面的规定。2022年3月，《上海市房屋管理局关于保障性租赁住房免缴城市基础设施配套费的通知》（沪房规范〔2022〕2号），提出经过保障性租赁住房项目认定并具备相关材料的，允许免缴城市基础设施配套费。2022年5月，《上海市房屋管理局关于做好本市保障性租赁住房项目市场租金评估工作的通知》（沪房市场〔2022〕40号），对保障性租赁住房出租单位、房地产估价机构和各区住房保障和房屋管理局开展租金评估、定价与监管的责任义务作出了明确。2022年11月，上海市人民代表大会常务委员会通过的《上海市住房租赁条例》为保障性租赁住房开设专门一章，对保障性租赁住房的发展原则、重点区域布局、租赁管理等方面作出了基本规定。

上海保障性租赁住房政策体系建成后，公租房和保障性租赁住房的阶梯化政策衔接更为精准。具体来说，一是保障性租赁住房的准入条件更低。2021年，上海市住房和城乡建设管理委员会等多部门联合发布最新修订的《关于印发〈上海市发展公共租赁住房的实施意见〉的通知》（沪房规范〔2021〕5号）明确了"住房困难"标准为全市范围内无自有住房或人均住房建筑面积低于15平方米，而保障性租赁住房政策对于申请者自有住房所在区域的范围有所放宽。二是保障性租赁住房的保障对象更广泛。根据上述文件，上海公租房强化精准分配导向，提出对科教文卫等公益性事业单位以及环卫、公交等为城市运行和市民生活提供基础性公共服务的行业企业职工适当倾斜。此外，为顺应各区经济社会发展需要，区筹公租房在实际配租中，更倾向于向企业人才定向供应。而保障性租赁住房，除产业园区、用人单位配套建设的房源可优先配租给园区、系统内符合条件的职工外，仅要求在轮候配租阶段优先供应无房的保障对象，尚无文件明确提出政策倾斜的特定群体。三是保障性租赁住房租期更长。《关于印发〈上海市保障性租赁住房租赁管理办法（试行）》的通知》（沪住建规范联〔2022〕3号）中规定，保障性租赁住房租赁合同到期后，经重新审核仍符合准入条件的入住人员可以续租。对比公租房六年的限定租期，保障性租赁住房原则上不限租期，保障时效更长。

二、上海保障性租赁住房发展现状与特征

（一）规模

依托十余年持续推进公租房发展的宝贵经验，自2021年出台保障性租赁住房相关政策开始，上海把发展保障性租赁住房作为贯彻落实习近平总书记"人民城市"理念的重要举措和超大城市住房体系建设的重中之重，举全市之力加快推进，逐步建立完善的保障类租赁住房、保障类产权住房、市场类租赁住房、市场类产权住房的新"四位一体"的租购并举住房制度体系。

从规模数量来看，当前上海正稳步有序推进保障性租赁住房建设供应规模。"十四五"期间，上海计划新增建设筹措保障性租赁住房47万套（间）以上，到"十四五"期末累计建设筹措总量达到60万套（间）以上，其中形成供应40万套（间）左右。2021年，上海共完成6.8万套（间）保障性租赁住房建设筹措任务。2022年共完成保障性租赁住房新增建设筹措18万套（间），提前超额完成年初确定的17.3万套（间）的目标任务，完成量在全国各城市中位列第一[①]。截至2022年年底，全市保障性租赁住房已累计建设筹措38.5万套（间），达到"十四五"期末规划量的64%；累计供应22万套（间），达到"十四五"期末规划量的55%[②]。2023年，上海将继续加大保障性租赁住房建设

[①] 徐巍. 新建筹措保障性租赁住房18万套（间），上海交出2022住房"成绩单"［EB/OL］.（2022-12-31）［2023-08-26］. https://www.51ldb.com/shsldb/cj/content/018565f2a097c0010000df844d7e124a.html.

[②] 上海市房屋管理局. 本市加大保障性租赁住房供应［EB/OL］.（2023-03-28）［2023-08-26］. http://fgj.sh.gov.cn/gzdt/20230327/55c4e9a972624f67b2ed052b143fb411.html.

筹措和供应力度，全年计划新增建设筹措7.5万套（间）。据上海市住房保障和房屋管理局数据显示，2023年1~6月，上海新增建设筹措5.6万套（间）、供应3.3万套（间），分别完成年度目标任务的75%和55%。目前，随申办"我要租房"已累计上线新建类保障性租赁住房项目26个，约3.1万套房源，下半年预计供应近3万套房源[①]。

（二）区位

在规划布局阶段，上海保障性租赁住房坚持空间引导、职住平衡等原则优化保障性租赁住房的区位布局。依据人口变化、城镇空间功能布局、产业发展导向，在中心城区、新城等未来就业人口集中地区，在高校及科研院所周边、科创园区、产业集聚区、商业商务集聚区，以及交通枢纽（含轨交站的周边）等交通便捷、就业岗位分布、生产生活便利、租赁住房需求集中的地区，通过新增用地、盘活存量建设用地等筹措渠道建设保障性租赁住房[②]。在保障性租赁住房区位分布方面，据统计，上海共推出保障性租赁用地222幅，区位分布广泛。目前61%的保障性租赁住房项目位于中心城区，39%位于外环区域。从筹措渠道来看，42%的新建类保障性租赁住房项目位于中心城区，58%位于外环区域[③]。

（撰稿人：代伟华）

[①] 上海市房屋管理局. 聚焦市民居住品质改善需求 上海绘制安居宜居乐居"新图景"［EB/OL］.（2023-07-14）［2023-08-20］. http://fgj.sh.gov.cn/gzdt/20230724/cfef146ee5c04d5fb662238a277f4a5a.html.

[②] 上海市房屋管理局. 对市政协十四届一次会议第0456号提案的答复［EB/OL］.（2003-05-16）［2023-11-02］. http://fgj.sh.gov.cn/bljg/20230516/3514ecd10af943b3b9237328e533e410.html.

[③] 上海市房屋管理局."一张床"体现城市温度，上海保障性租赁住房发展跑出加速度［EB/OL］.（2023-12-09）［2023-12-20］. http://fgj.sh.gov.cn/tpxw/20231215/df2adfcdc34b4156978265a8c4d42103.html.

第四章　新市民、青年人的保障性租赁住房需求研究

第一节　基本情况

城镇化的快速发展和人口的跨区域流动带来了巨大租赁需求，尤其是日益增长的以新市民、青年人为主的租房人群催生了新的租住生活方式。国家统计局《中国统计年鉴》数据显示，2022年上海城镇化率为89.3%，位居全国首位，远高于全国平均水平（65.2%），国家统计局第七次人口普查数据显示，目前我国"新市民"规模高达3.7亿，十年间增长69.7%，占全国人口总量的26%。发展保障性租赁住房作为缓解新市民、青年人住房困难，解决大城市住房突出问题的重中之重，其不仅是一类住房供应品种，更承载着一种新的租住生活方式。

一、规模情况

根据上海市统计局、人力资源和社会保障局数据计算，2022年上海新市民约1035万人，占常住人口约42%，其中，非沪籍常住人口约1006万人，占常住总人口的40.6%；落户未满3年的沪籍人口中，近3年上海年均居转户落户数量约2.9万人，年均人才引进落户数量约2.65万人，年均留学生落户数量约2.7万人。

国家统计局第七次人口普查数据显示，上海18~35岁青年人共725.6万人，占全市总人口29.2%。上海历年人口普查数据显示，2020年上海青年人较2010年共增加105万人，年均增长率1.69%（图4.1），高于全市人口平

均增速水平（0.8%）。

二、人口情况

根据上海市房地产科学研究院开展的上海新市民、青年人住房需求及住房政策评价线上问卷调查（以下简称问卷调查一）①和上海市房地产科学研究院开展的本市城镇常住居民住房需求情况调查（以下简称问卷调查二）②，结合《上海市人民政府办公厅印发〈关于加快发展本市保障性租赁住房的实施意见〉的通知》（沪府办规〔2021〕12号）（以下简称《实施意见》）中保障性租赁住房供应对象的相关要求，发现上海新市民、青年人总体人口学特征相对稳定，身份特征具有差异。

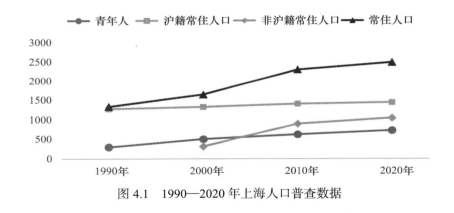

图4.1　1990—2020年上海人口普查数据

（一）新市民、青年人的总体情况

根据问卷调查一研究发现，上海新市民、青年中非沪籍常住人口（67.2%）、35岁以下青年人（78%）、本科及以上学历（84%）占比较高。已婚的新市民、青年人占比为64.4%，灵活就业人员（24%）和私营企业工作人员（21%）占比相对较高。整体薪资水平相对较高，税后月收入在6500~15000元之间的占比超过63%。参考《实施意见》，将本市合法就业且住房困难的在职人

---

① 2023年5月至6月开展的上海新市民、青年人住房需求及住房政策评价线上问卷调查（共3254份有效问卷）。
② 2021年7月至9月开展的本市城镇常住居民住房需求情况调查（共10068份有效问卷）。

员及其配偶、子女确定为保障性租赁住房潜在供应对象，住房困难面积标准原则上按照家庭在本市一定区域范围内人均住房建筑面积低于 15 平方米确定，结合问卷调查相关数据，新市民、青年人与保障性租赁住房潜在供应对象特征相吻合。

（二）新市民、青年人的身份细分

按户籍状况可将新市民、青年人分为四类，即未持居住证的非沪籍常住人口、持居住证的非沪籍常住人口、落户年限较短的沪籍人口、老市民中的青年群体。同时，根据就业、学历情况，上海新市民、青年人呈现出以非沪籍务工人员、新就业大学生、各类人才为主的特征。为了更全面地分析新就业大学生的住房需求，将新就业大学生细化为非上海生源的新就业大学生和上海生源的新就业大学生两类。

第二节　居住现状及住房需求

根据问卷调查一分析上海新市民、青年人的居住现状，根据问卷调查二分析上海新市民、青年人中保障性租赁住房潜在供应对象的住房需求特征，研究发现在房源区位上，新市民、青年人有中心区、短通勤的需求；近九成需求群体可接受的单程最长通勤时间在 1 小时以内。在房源设计上，有小户型、带配套的需求；在租金租期上，有低租金、稳租期的需求；在房源信息上，有规范性、数字化的需求等。而具有不同身份的新市民、青年人的居住现状和住房需求存在差异，尤其是非沪籍务工人员、非上海生源新就业大学生和各类人才的居住差异较为明显。

一、住房来源

（一）租房居住的新市民、青年人占比略高

问卷调查一数据显示，半数以上的新市民、青年人租房居住。其中，非

上海生源新就业大学生租房占比最高（81.7%）；其次 66.2% 的非沪籍务工人员租房居住；各类人才中租房群体的占比在 47% 左右。

（二）市场化租赁住房是新市民、青年人租房最主要的来源

73.5% 的新市民、青年人租住市场化租赁住房，18% 的新市民、青年人租住保障类租赁住房。各类人才群体居住在保障类租赁住房的占比最高（26%），此外，推测由于对保障类租赁住房政策的了解程度相对较低、工作资历较浅，非上海生源新就业大学生居住在保障类租赁住房中的占比相对较低（13%）。

（三）上海生源新就业大学生、各类人才拥有自有住房的占比较高

43.8% 的新市民、青年人在上海拥有自有住房（图 4.2），其中，上海生源新就业大学生居住在自有住房中的占比最高，占比超 70%；其次是各类人才，占比近 50%。此外，在自有住房类型方面，超八成新市民、青年人的自有住房为市场化商品房。

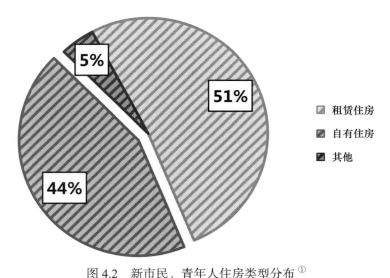

图 4.2　新市民、青年人住房类型分布[①]

---

① 其中，其他主要指单位无偿提供住房、无偿借住亲友住房等。

二、居住痛点

（一）租房居住的新市民、青年人的居住满意度低于居住自有住房的新市民、青年人

问卷调查一结果显示，租房居住的新市民、青年人对居住现状满意度明显低于居住在自有住房中的新市民、青年人，仅不到一半的租房居住的调查对象对居住现状表示非常满意或满意，这一比例在自有住房的调查对象中为75%；13%的新市民、青年人对于租房现状不满意，较自有住房群体高9个百分点（图4.3），租房居住的新市民、青年人由于支付能力较弱等客观因素，会更容易面临住房问题，对于保障性租赁住房的需求更为迫切。

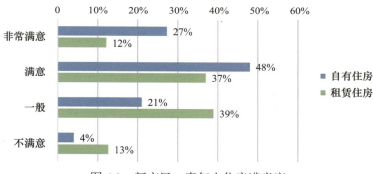

图4.3 新市民、青年人住房满意度

（二）近三成新市民、青年人租金收入比超过30%

问卷调查一结果显示，超7成租房群体认为房租过高是租房最主要的痛点问题，其次是租金涨幅大和租期不稳定。此外，还有部分新市民、青年人表示，由于信息不对称、租房经验不足，较难租到满意的住房（图4.4）。进一步研究新市民、青年人的租金收入比发现，近四分之一的新市民、青年人每月房租支出超过其家庭月收入的30%，租房负担相对较重（图4.5）。相对于自有住房群体，租房的新市民、青年人对于租金较为敏感，推测这与新市民、青年人的工资水平相关，整体租房群体的工资水平略低于整体购房群体（图4.6）。

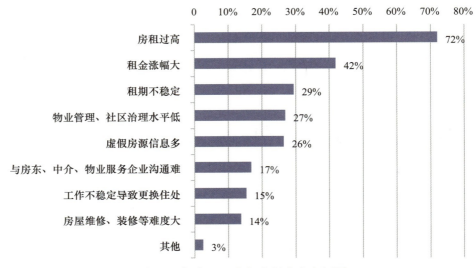

图 4.4　新市民、青年人租房痛点问题

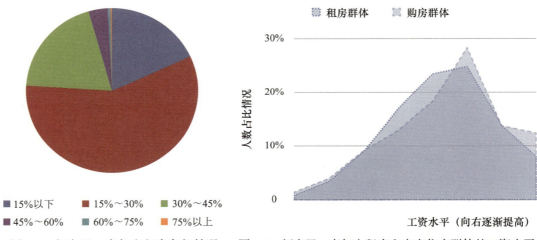

图 4.5　新市民、青年人租房负担情况　　图 4.6　新市民、青年人租房和自有住房群体的工资水平

（三）住房面积太小和通勤时间长是现有住房未能满足新市民、青年人需求的两大因素

首先，超五成新市民、青年人认为现有住房面积太小，未能满足居住需求，随着新市民、青年人年龄的增长，家庭结构发生改变，原住房面积未能满足现有家庭的实际需求，需要置换面积更大的住房。其次是通勤问题，35%的新市民、青年人认为通勤时间长，31%的有车一族认为停车难，是现住房未能满足实际需求的主要原因（图 4.7）。

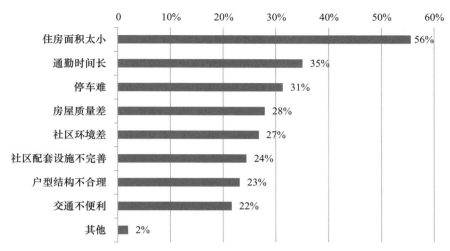

图 4.7 新市民、青年人现住房未能满足实际居住需求的主要原因

三、住房需求

问卷调查数据显示，上海新市民、青年人尤其是非沪籍新市民、青年人以租赁住房为主，进一步深入研究新市民、青年人的租赁住房需求，尤其是保障性租赁住房需求，让新市民、青年人租得到、租得起、租得近、租得稳、租得好，充分体现城市的包容和担当，增强城市吸引力、软实力和竞争力，促进城市的可持续发展。

（一）租赁需求

调查问卷一数据显示，14%的新市民、青年人近五年内计划换租。超过1/3的非上海生源新就业大学生五年内计划换租，推测是受工作变化相对较大等因素影响（图4.8）。从租赁住房房源需求类型来看，保障类租赁住房的需求占比高。问卷调查二结果显示，有保障性租赁住房需求的样本占有效样本比例为37.34%，一定程度上可反映出供应对象对保障性租赁住房供给总量相对规模的需求。相较于市场化租赁住房，新市民、青年人更愿意租住租金低于市场价的保障类租赁住房，超半成非上海生源新就业大学生明确表示有需求租住保障类租赁住房，但1/3的非上海生源新就业大学生表示不知道如何申请、不了解相关政策。

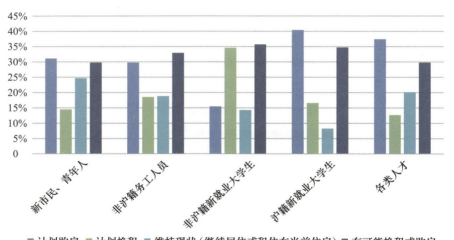

图 4.8 新市民、青年人不同群体近五年租购意愿

（二）空间布局需求

就保障性租赁住房租赁意向区位来看，30.05% 的保障性租赁住房需求群体偏向选择居住在浦东新区，其余是在徐汇（12.37%）、闵行（10.61%）、黄浦（9.6%）等中心城区及近郊地区（图 4.9）。从工作区域来看，中心城区的租赁需求占比高于工作人数占比。尽管工作区域不一定在中心城区，部分新市民、青年人也希望能够在中心城区居住，其租赁需求高于实际工作人数占比，主要是因为中心城区的住房配套设施相对较为完善、交通便利，是部分新市民、青年人的理想居住地（图 4.10）。

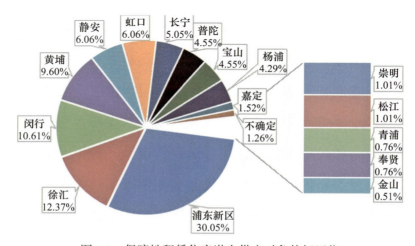

图 4.9 保障性租赁住房潜在供应对象偏好区位

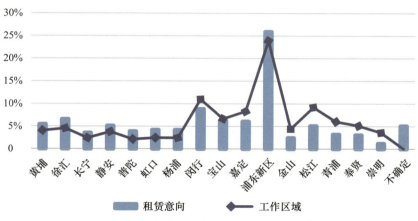

图 4.10　保障性租赁住房潜在供应对象租赁意向区位

从可接受单程最长通勤时间来看，可接受通勤时间在 1 小时以内的保障性租赁住房潜在供应对象占比达 89.13%，10.87% 的保障性租赁住房潜在供应对象可以接受单程通勤一小时以上，仅有 0.62% 的保障性租赁住房潜在供应对象可以接受 2 小时以上的单程通勤时间。在有明确换租需求的保障性租赁住房潜在供应对象中，可接受通勤时间为 0.5~1 小时的占比最高（46.27%）（图 4.11）。

图 4.11　保障性租赁住房潜在供应对象现通勤时间（左图）和有换租需求的保障性租赁住房潜在供应对象可接受的通勤时间（右图）

（三）关于保障性租赁住房户型、装修等情况的需求特征

在需求户型和面积方面，保障性租赁住房潜在供应对象偏好小户型住房，计划租住的房屋以 60 平方米及以下的一居室（一室户、一室一厅等）为主。就住房面积偏好来看，23.29% 的供应对象更偏好 30~40 平方米的住房面积，且更多以个人为单位居住；其次，有 14.6% 的潜在供应对象偏好 50~60 平方米的住房面积，且潜在供应对象以家庭为单位的居住特征更为突出（图 4.12、图 4.13）。

图 4.12 保障性租赁住房潜在供应对象租赁住房面积偏好（左图）
图 4.13 保障性租赁住房潜在供应对象租赁住房户型偏好（右图）

在装修情况方面，64.6% 的保障性租赁住房潜在供应对象偏好基本装修房，10.25% 的潜在供应对象更喜欢配齐家电拎包入住，能接受毛坯入住的受访者占比较少，仅为 7.76%（图 4.14）。对于住房类型，保障性租赁住房潜在供应对象更偏好多层或高层公寓，占比为 46.27%（图 4.15）。

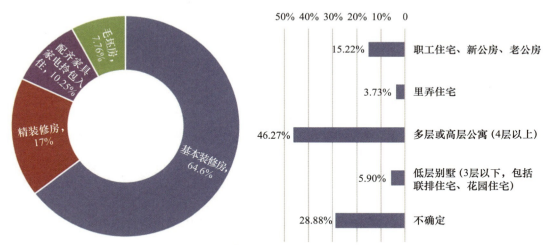

图 4.14 保障性租赁住房潜在供应对象住房装修偏好（左图）
图 4.15 保障性租赁住房潜在供应对象租赁住房类型偏好（右图）

在居住配套设施方面，在被问及最希望增加或完善哪些配套设施时，21.87% 的保障性租赁住房潜在供应对象选择室内菜场，其次是医疗配套（18.49%）和文体设施（17.84%）（图 4.16）。

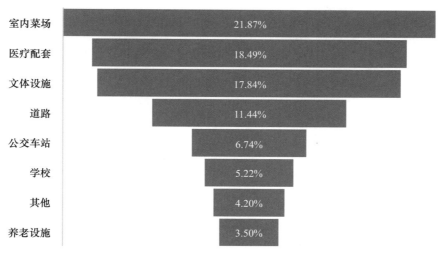

图 4.16　保障性租赁住房潜在供应对象租赁住房时希望完善的配套设施

（四）关于保障性租赁住房租金和租住时间的需求特征

住房租金是影响保障性租赁住房潜在供应对象租赁住房的最主要考虑因素，占比 27.83%，其次是户型面积（15.50%）、交通（14.93%）。在租金偏好方面，60.25% 的保障性租赁住房潜在供应对象最高可承受月租金在 3000 元以下，可承受 5000 元及以上月租金的占比仅为 8.69%（图 4.17）。同时，82.92% 的保障性租赁住房潜在供应对象表示可承受的最高月租金占家庭月平均税后收入的比例低于 30%（图 4.18），38.17% 的保障性租赁住房潜在供应对象最希望能够控制租金过快上涨（图 4.19）。

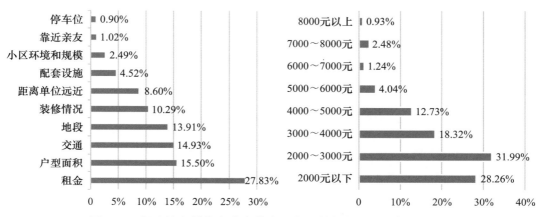

图 4.17　保障性租赁住房潜在供应对象租赁住房考虑因素（左图）
保障性租赁住房潜在供应对象最高可承受月租金（右图）

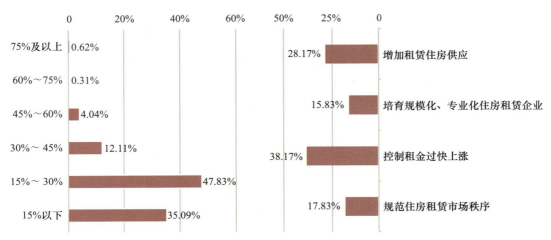

图 4.18　可承受的最高月租金占家庭月平均税后收入的比例（左图）
图 4.19　保障性租赁住房潜在供应对象希望市场可以改进的方面（右图）

在租期偏好方面，计划租住 1～2 年的保障性租赁住房潜在供应对象占比为 34.47%，有 13.66% 的潜在供应对象有 2～5 年的长租意愿（图 4.20）。此外，在被问及租房时最怕遇到的各类问题时，保障性租赁住房潜在供应对象最怕遇到合同陷阱问题（24.90%），其次 19.78% 的保障性租赁住房潜在供应对象怕遇到"租约不稳定"的问题，一定程度上反映出保障性租赁住房潜在供应对象对稳定租期的需求（图 4.21）。

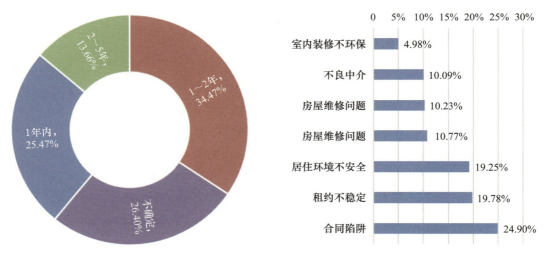

图 4.20　保障性租赁住房潜在供应对象计划租房时长（左图）
图 4.21　保障性租赁住房潜在供应对象租房时最怕遇到的问题（右图）

（五）关于房源信息获取方式的需求特征

在房源信息获取渠道方面，数据显示，43.86%的保障性租赁住房潜在供应对象目前获取租房信息的主要渠道是房产中介门店，38.07%的潜在供应对象通过网络渠道获取信息，其中，17.37%的受访者从政府租赁平台上获取相关信息，20.7%通过网络媒介（如微信公众平台、网站链接等）查询信息，可见，保障性租赁住房潜在供应对象对智能化、数字化平台有一定的需求（图4.22）。

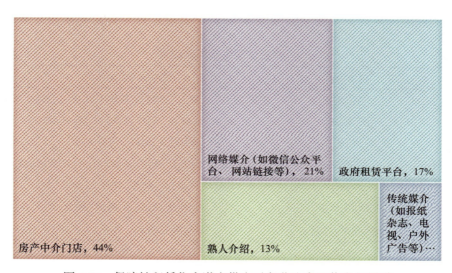

图 4.22　保障性租赁住房潜在供应对象获取房源信息的渠道

第三节　保障性租赁住房需求影响因素分析

基于上述对新市民、青年人保障性租赁住房需求特征的分析以及不同群体之间的交叉分析，通过 Logit 回归模型进一步探索影响上海新市民、青年人对保障性租赁住房租住需求的关键影响因素。使用问卷调查一数据，该数据采用分层抽样与重点抽样相结合的抽样方法，依据上海市第七次人口普查等统计数据，按照中心城区、五个新城所在区和其他区常住人口占比以及沪籍和非沪籍比例设置抽样配额，共发放问卷 3555 份，根据数据质量和关键指标额数据获取情况剔除不符合研究要求的样本，筛选回收有效问卷 3254 份，有效率 91.5%。

一、变量定义与说明

保障性租赁住房作为住房保障体系的重要组成部分，同时也是住房租赁市场的重要构成，为了更全面地总结和分析保障性租赁住房的需求影响因素，以更大范围租赁住房作为核心，对以往研究中租赁性质住房需求的影响因素进行总结归纳（表 4.1），为此次研究模型的变量选择作参考。

租赁住房需求影响因素　　　　　　　　　　　　　　　表 4.1

分类	具体指标	影响因素文献来源
居住特征	居住类型	左龙（2014）、陈玉（2017）、陈琳（2020）、何燕山（2020）
	住房面积	左龙（2014）、邓宏乾（2014）、陈琳（2020）
	租金	聂休文（2021）、邵磊（2022）
	户型	何燕山（2020）、聂休文（2021）、何亚娜（2023）
	室内设计	刑燕婷（2013）、秦杰（2017）、李雨（2021）、
	对住房预期	胡晓龙（2014）、隋智（2022）
	现有住房满意度	张军涛（2014）、钟书文（2019）
个人特征	性别	吴翔华（2015）、李雨（2021）、聂休文（2021）
	年龄	王明月（2019）、聂休文（2021）、何亚娜（2023）
	受教育情况	李雨（2021）、邵磊（2022）、薛瑶瑶（2023）
	户籍	聂休文（2021）、崔光灿（2020）、
家庭特征	婚姻状况	何燕山（2020）、聂休文（2021）、邵磊（2022）
	月收入	何燕山（2020）、聂休文（2021）、薛瑶瑶（2023）
	社保缴纳状况	张彤（2019）、陈琳（2020）、何亚娜（2023）
职业特征	职业	何燕山（2020）、邵磊（2022）
	工作区域	陈琳（2018）
其他特征	配套设施	左龙（2014）、秦颖（2021）、张丽娜（2018）、李紫薇（2022）
	物业服务	李白云（2016）、郭金金（2020）、何亚娜（2023）
	申请程序	白洪鸽（2013）、路征（2016）
	定居计划	陈琳（2020）、聂休文（2021）、
	政策引导	秦颖（2021）、隋智（2022）、何亚娜（2023）

数据来源：根据相关文献整理

结合相关研究和问卷调查一中上海新市民、青年人的研究样本，选取"是否有保障性租赁住房需求"作为研究保障性租赁住房需求的被解释变量。选取个人特征、家庭特征、职业特征、居住特征和其他特征等五类变量作为解释变量。其中个人和家庭特征包括受访者的性别、年龄、婚姻状况、教育程度等；职业特征包括就业类型、所在行业等；居住特征变量包括受访者现住房是否为保障房、是否缴纳住房公积金和居住满意度；其他特征包括是否符合人才标准、住房政策对住房意愿的影响程度和保障性租赁住房政策满意度。

二、研究假设

（一）关于居住特征变量与保障性租赁住房选择意愿的研究假设

新市民、青年人是否有意愿租住保障性租赁住房往往受到其住房现状的影响，张军涛等（2014）研究发现，个人住房现状和住房需求意向对公租房消费意愿产生明显影响，被访问者会因为对现住房的房租承受力较弱而倾向于选择公租房。同时，住房满意程度也会影响住房选择，对现住房不满意受访者，更不愿意选择公租房。因此假设：

假设1：租住保障房的新市民、青年人，更有意愿选择保障性租赁住房。

假设2：住房满意的新市民、青年人更愿意选择保障性租赁住房。

缴纳社保、住房公积金的新市民、青年人工作相对稳定，相较于未缴纳者，对城市住房政策的了解程度相对较高，何亚娜（2023）以济南市为例，研究发现社会保障较好的受访者更愿意选择保障性租赁住房。而住房公积金属于社会保障体系中的重要组成部分，周华东等（2022）研究中国金融调查数据，发现住房公积金有助于优化家庭资产配置结构，在微观层面增加了家庭投资渠道及财产性收入，因此假设：

假设3：缴纳住房公积金提高了新市民、青年人保障性租赁住房租赁意愿。

（二）关于个人特征变量与保障性租赁住房选择意愿的研究假设

学者们普遍发现性别、年龄、户籍、受教育程度等个人特征对住房选择产生了不同程度的影响，陈琳等（2018）认为年龄对于选择保障房产品的类型具有显著影响，26岁以上的外来务工人员更倾向于家庭式居住的保障房。虞钦（2021）、张军涛等（2014）等学者研究发现，受教育程度对选择保障类住房具有显著影响，随着学历的提升，居民选择租住保障类住房的意愿有所减少，马秀莲等（2022）研究本地户籍人口与外地户籍人口、非青年人口与青年人口、农村户籍人口与城市户籍人口，发现非户籍人口，尤其是农村户籍、青年人口更需要住房保障。因此假设：

假设4：随着年龄的增长，新市民、青年人的保障性租赁住房租赁选择意愿有所减少。

假设5：学历高的新市民、青年人更不愿意选择保障性租赁住房。

假设6：非沪籍新市民、青年人更有意愿选择保障性租赁住房。

（三）关于家庭特征变量与保障性租赁住房选择意愿的研究假设

受传统观念影响，婚姻对住房选择具有显著影响，李斌、张越、张所地（2022）运用面板分位数回归方法研究不同分位点下婚姻挤压对住房市场的非线性影响，发现婚姻挤压和房价间存在空间上的联动关系，李斌、任津汝、张所地（2022）研究发现适婚男青年的婚配竞争压力对家庭住房租购决策产生了显著的正向影响。黄玉屏（2018）认为居民家庭收入对住房租购选择有显著影响。随着收入的提高，与租房相比，居民更倾向于买房。因此假设：

假设7：未婚的新市民、青年人更有意愿选择保障性租赁住房。

假设8：随着收入的增长，新市民、青年人选择保障性租赁住房的意愿有所减少。

（四）关于职业特征变量与保障性租赁住房选择意愿的研究假设

新市民、青年人的就业类型、工作区域对于其住房选择尤其是保障性租赁住房的选择具有显著影响，曾珍（2012）认为工作在主城的人更愿意选择保障类住房。陈琳（2018）研究发现工作区域对于住房保障方式的选择具有显著影响，尤其是对于租房成本高的区域的受访者更倾向于选择保障类住房。邓宏乾等（2014）对武汉市中低收入家庭抽样调查中发现，工作单位离城区近的家庭更有意愿选择保障类住房，因此假设：

假设 9：工作区域在中心城区的新市民、青年人租住保障性租赁住房的意愿更高。

（五）其他特征变量与保障性租赁住房选择意愿的研究假设

住房政策尤其是保障性租赁住房政策对于新市民、青年人的住房选择具有重要影响，问卷调查一中发现部分新市民、青年人不选择保障性租赁住房的原因之一是对于政策的了解程度不够，罗忆宁（2018）研究发现住房政策对我国居民租购选择产生较大影响。因此假设：

假设 10：住房政策了解程度高的新市民、青年人更愿意选择保障性租赁住房。

三、样本总体情况分析

样本的总体情况及变量的设置情况见表 4.2。由表 4.2 可知，此次研究的 3254 个总样本中，有约 36.08% 的受访者表示有明确需求租住保障性租赁住房。现居住在保障房里新市民、青年人占比较低（9.37%），比研究中有保障性租赁住房需求的新市民、青年人低近三成，仅从样本数据分析和推测，将来新市民、青年人申请保障性租赁住房可能会存在部分项目轮候的状态。新市民、青年人住房公积金缴纳交占比较高，说明公积金制度在上海新市民、青年人中的普及率相对较高，居住满意度相对较高。尽管部分新市民、青年人的保障性租赁住房需求未能满足，但研究样本中多数新市民、青年人对当前的居住状况感到满意。

样本的总体情况及变量的设置情况　　　　表 4.2

变量类型	变量名称	变量水平及赋值说明	频数	占比（或范围）
被解释变量	保障性租赁住房选择意愿	无需求＝0	2080	63.92%
		有需求＝1	1174	36.08%
解释变量（个人特征变量）	性别	女＝0	1649	50.68%
		男＝1	1605	49.32%
	年龄	平均年龄 32	3254	16～65 岁
	户籍	非沪籍＝0	2188	67.24%
		沪籍＝1	1066	32.76%
	农业户口	非农业户口＝0	2168	66.63%
		农业户口＝1	1086	33.37%
	教育程度	高中/中专/职高技校及以下＝1	131	4.03%
		大专＝2	388	11.92%
		本科＝3	2088	64.17%
		硕士＝4	598	18.38%
		博士＝5	49	1.51%
解释变量（个人特征变量）	是否符合人才标准	不符合＝0	2077	63.83%
		符合＝1	1177	36.17%
	婚姻	未婚＝0	1156	35.53%
		已婚＝1	2098	64.47%
解释变量（家庭特征）	家庭收入	3500 元以下＝1	33	1.01%
		3500～5000 元＝2	135	4.15%
		5000～6500 元＝3	309	9.50%
		6500～8000 元＝4	485	14.90%
		8000～10000 元＝5	682	20.96%
		10000～15000 元＝6	863	26.52%
		15000～20000 元＝7	442	13.58%
		20000 元以上＝8	305	9.37%
	是否居住保障房	未选择＝0	2950	90.66%
		选择＝1	304	9.34%
解释变量（职业特征）	就业类型	灵活就业人员（个体工商户和自由职业者）＝1	785	29.81%
		民办非企业单位和社会团体＝2	347	13.18%

续表

变量类型	变量名称	变量水平及赋值说明	频数	占比（或范围）
解释变量（职业特征）	就业类型	国有企业＝3	517	19.64%
		城镇私营企业及其他城镇企业＝4	666	25.29%
		国家机关和事业单位＝5	318	12.08%
	工作区域	上海各区取值不同	3154	各区分别取值为1~16
	是否缴纳住房公积金	未缴纳＝0	491	15.09%
		缴纳＝1	2763	84.91%
	住房政策重要程度	不太重要＝0	146	4.6%
		一般重要＝1	454	14.31%
		比较重要＝2	1486	46.85%
		非常重要＝3	1086	34.24%
	居住是否满意	不满意＝0	252	7.74%
		满意＝1	3002	92.26%

四、模型选择

研究上海新市民、青年人保障性租赁住房需求影响因素的模型：

$$\log\left(\frac{p}{1-p}\right) = \beta_0 + \beta_1 x_1 + \beta_2 x_2 + \beta_3 x_3 + \cdots + \beta_i x_i + \varepsilon$$

其中，p 是被解释变量，模型以"是否有保障性租赁住房需求"为被解释变量；x_i 是解释变量；ε 是误差项。

五、共线性和拟合度分析

在进行实证分析之前，对自变量进行共线性检验，检验所有自变量的方差膨胀因子（VIF），结果显示 Mean VIF 为 1.14，所有变量的 VIF 值均小于 10，故自变量之间不存在多重共线性的问题。同时，模型的 AUC 值为 0.7894，模型在平衡敏感性和特异性方面表现良好。ROC 曲线相对于对角线有一个较大的偏离，模型的分类效果相对较好，拟合程度良好（图 4.23）。

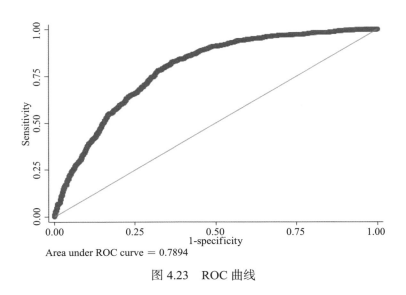

图 4.23　ROC 曲线

六、保障性租赁住房意愿影响因素分析

运用 stata17 软件,将被解释变量"是否有保障性租赁住房需求"和解释变量纳入模型中,探讨保障性租赁住房租住意愿与多个解释变量之间的关系。其中保障性租赁住房选择意愿模型回归结果见表 4.3。为了进一步研究新市民、青年人是否有意愿选择保障性租赁住房,列出重要变量的优势比(Odds ratio)(表 4.4)。

保障性租赁住房选择意愿模型回归结果　　　　　　　　　表 4.3

	分析模型
是否居住保障房	0.522***
	(0.161)
是否缴纳住房公积金	0.673***
	(0.148)
居住是否满意	−0.488***
	(0.183)
年龄	−0.0375***
	(0.00954)
沪籍	−0.967***
	(0.123)

续表

	分析模型
是否为农业户口	0.267**
	(0.110)
婚姻	0.245**
	(0.119)
教育水平	1.553***
	(0.421)
工作类型	−0.616***
	(0.194)
工作区域	0.988**
	(0.390)
是否符合人才标准	0.750***
	(0.104)
住房政策重要性	0.234***
	(0.0636)
常数项	−1.629**
	(0.645)
Pseudo R2	0.1496
模型卡方值	444.03
(p值)	0.0000

注：***、**、*分别表示估计量在1%、5%和10%的显著水平上显著。

新市民、青年人保障性租赁住房选择意愿优势比   表4.4

变量名	Odds ratio	Std. err.	Z	p>|z|	95% conf.
是否居住保障房	1.685381	0.2710075	3.25	0.001	1.229775
是否缴纳住房公积金	1.959987	0.2900598	4.55	0.000	1.466504
居住是否满意	0.6136609	0.1122472	−2.67	0.008	0.4287772
年龄	0.9632002	0.0091931	−3.93	0.000	0.9453495
沪籍	0.3801186	0.046714	−7.87	0.000	0.2987529
是否为农业户口	1.306272	0.1431495	2.44	0.015	1.053789
婚姻	1.277257	0.1516665	2.06	0.039	1.012053
是否符合人才标准	2.116337	0.2208273	7.18	0.000	1.724912
住房政策重要性	1.264206	0.0804626	3.68	0.000	1.115942

七、回归结果分析

（一）已经租住在保障房中的新市民、青年人更倾向于租住保障性租赁住房

回归结果显示，"是否居住保障房"这一解释变量均在1%的显著水平下对保障性租赁住房需求具有正影响，研究假设1通过检验。与未选择保障类住房的新市民、青年人相比，已选择保障类住房的新市民、青年人对保障性租赁住房的需求增加了68.5%。可见已选择保障房的新市民、青年人对住房保障的政策更为了解，居住的体验感相对较好，同时由于原本的支付能力相对较弱，其对于继续选择保障性租赁住房仍具有较高的意愿。

（二）缴纳住房公积金的新市民、青年人更倾向于租住保障性租赁住房

分析模型的回归结果，发现缴纳住房公积金的新市民、青年人与保障性租赁住房的需求在1%的水平下正显著，研究假设3通过检验。研究样本中缴纳住房公积金的新市民、青年人选择保障性租赁住房的意愿比未缴纳住房公积金的新市民、青年人高96%，保障性租赁住房项目租金的可直接从住房公积金抵扣的特点，使缴纳住房公积金对于新市民、青年人保障性租赁住房选择意愿具有重要正向影响，可考虑进一步为新市民、青年人提供保障性租赁住房场景下更多元化的公积金使用途径。

（三）对目前居住状况满意度低的新市民、青年人更有意愿选择保障性租赁住房

在研究模型中，居住是否满意与保障性租赁住房需求在1%的水平下呈现负显著，研究假设2未通过检验。研究样本中居住不满意的新市民、青年人选择保障性租赁住房的需求比住房满意的新市民、青年人高38.7%，研究发现，租金、租期的不稳定是新市民、青年人租赁住房不满意的重要因素，而保障性租赁住房对租金定价和涨幅具有严格的规定，租期相对稳定，是居

住不满意、住房困难的新市民、青年人较为合适的住房选择，因此对居住现状不满意的新市民、青年人更有意愿选择保障性租赁住房。

（四）年龄

年龄在1%的显著水平下对保障性租赁住房需求呈现负影响，与研究假设4相符。随着年龄的增长，新市民、青年人保障性租赁住房的需求呈现下降趋势。相比之下，保障性租赁住房政策应更加关注年轻人，尤其是刚入职或初入城市的青年人群，青年人群往往住房选择面窄，对住房市场了解程度较低，可考虑为他们提供更多的保障性租赁住房支持。

（五）户籍

沪籍新市民、青年人对保障性租赁住房的需求在1%的水平下呈现负显著，研究假设6通过检验。而农业户口的新市民、青年人对保障性租赁住房的需求在5%的水平下正显著，可见非沪籍的新市民、青年人，农业户口的新市民、青年人在城市住房上面临更大困难，对保障性租赁住房需求更为迫切。

（六）学历

新市民、青年人的教育水平对保障性租赁住房的租住需求在1%的水平下呈现正影响，与研究假设5结论相反。现阶段的新市民、青年人的思想观念有所转变，高学历的新市民、青年人更有意愿选择保障性租赁住房。随着保障性租赁住房的品质逐步提升，对于教育水平较高的新市民、青年人的吸引力也随之增加。

（七）工作区域

工作区域对保障性租赁住房的需求在10%水平下呈现正影响，研究样本中不同工作区域的新市民、青年人对保障性租赁住房的需求具有差异化。例如，松江、金山和虹口等区对保障性租赁住房需求的显著性有所不同，与研究假设9不同。从区位分布来看，随着上海五个新城的发展，新市民、青年人有人口向外迁移的趋势，保障性租赁住房的供给需要结合各区产业、交通、人口等多方面因素。

（八）就业类型

相较于"灵活就业"的新市民、青年人，在私企工作的新市民、青年人对保障性租赁住房在1%水平下呈现负显著，灵活就业的新市民、青年人工作不稳定性更强，对于保障性租赁住房的需求更为明显。

第四节　保障性租赁住房政策需求分析

上海各类住房政策对新市民、青年人选择定居上海具有重要影响，问卷调查一结果显示，近八成新市民、青年人认为住房政策对其选择定居上海非常重要或比较重要（图4.24），其中保障类住房政策位居前三，对上海新市民、青年人的定居影响较为突出（图4.25）。

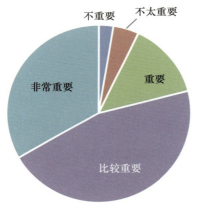

图4.24　住房政策对新市民、青年人定居上海的重要性

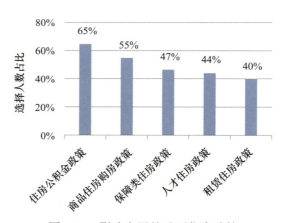

图4.25　影响定居的重要住房政策

了解新市民、青年人对保障性租赁住房的政策需求，可以为优化完善政策提供依据。综合分析新市民、青年人对保障性租赁住房政策的重要性和满意度，发现新市民、青年人认为保障性租赁住房的政府监管非常重要，对该方面政策较为满意，同时，对保障性租赁住房政策和政策信息公开的满意度也较高。而新市民、青年人认为保障性租赁住房性价合理和房源供给重要性

高但满意度较低,属于需要优先改进的政策;其次,保障性租赁住房的准入条件、物业服务和退出机制是满意度和重要性均较低,属于需持续关注的政策。结合相关调查问卷总结新市民、青年人的政策诉求,如图 4.26 所示。

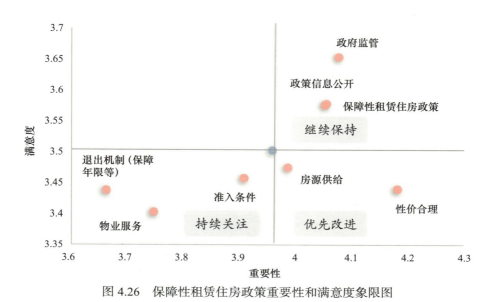

图 4.26 保障性租赁住房政策重要性和满意度象限图

一、提高住房的可负担性

优化保障性租赁住房价格。对于保障房性价比的选项,新市民、青年人的满意度为 3.44 分,同时,问卷调查一结果表明,22.7% 的人才认为保障性租赁住房价格偏高而不选择保障性租赁住房。推测满意度不高是由于部分保障性租赁住房项目整体品质高、位置好,整体定价高出周围老旧小区租金价格,租金水平超出周围需求群体预算。此外,部分项目开发前期在客群定位、产品设计等方面都相对聚焦中高收入人群,对收入相对较低的城市基本服务人员等群体的关注度不够,这对于保障性租赁住房性价比的控制和保障作用的发挥都有一定阻碍作用。

二、持续优化房源供给

已供项目的出租情况表明,产业园周边的保障性租赁住房项目爬坡更快，出租率更高。陈萍（2023）研究发现，在保障性租赁住房项目可行性研究阶段，基于区域结构性需求找准定位，对于实现保障性租赁住房精准供应有着重要的意义。问卷调查一数据显示，近半数的新市民、青年人希望能够加大低于市场租金的保障类租赁住房的供给（图4.27），持续优化房源供给不仅是优化供给量，也包括结构性、区域性供给优化，从而让保障性租赁住房不仅在供应量成为市场化租赁的一种有效的合理补充，也在租赁市场起到"压舱石"和"稳定器"的作用。

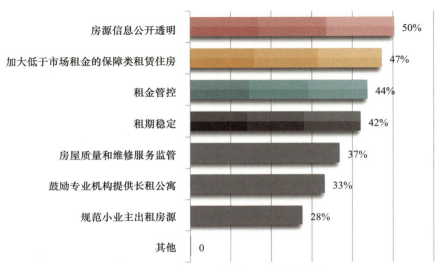

图4.27 新市民、青年人租房政策需求

三、优化完善政策的公平性和精准性

分类合理确定准入门槛。不同身份特征的新市民、青年人群体，其居住现状和需求存在差异。基于新市民、青年人的群体异质性和住房需求的多元化，兼顾住房保障的公平性和精准性，进一步细化并识别新市民、青年人不同的住房需求和消费能力，合理确定住房保障覆盖面，结合上海的实际情况，采取精准有效、差异化的政策措施，有针对性地提供更为适配的保障性租赁住房。

第五节　空间需求分析

保障性租赁住房是我国住房保障在新时代条件下的升级版，是一种发展型保障，对提高经济社会发展后劲、促进共同富裕具有重要意义（陈杰，2022）。从各国兴建保障房的经验来看，一开始都呈现出集中分布或结合城镇开发分布的特点，对于区位选址的考虑尚不全面，由此带来了一系列阶层分化、大范围聚居、通勤障碍等问题（李紫薇，2022）。为了对全市保障性租赁住房的建设筹措提出空间引导，在"按需定建"和"宜居宜业"的发展目标下，从人群需求和就业居住相适应的角度综合考虑，对新市民、青年人的保障性租赁住房进行空间需求研究。

一、分析方法

按照职住平衡的基本原则，把保障性租赁住房建在有需要的地方。基于新市民、青年人的居住和就业空间分布特征，结合上海市城镇空间功能布局、产业发展导向，从实现就近就业、产城融合、降低新市民青年人通勤成本的需求出发，分析上海市保障性租赁住房"按需定建"的适宜区位，为保障性租赁住房项目提供空间发展引导。

二、实证分析

（一）居住空间分布

1. 数据处理

根据第七次人口普查常住人口户籍构成与分户籍年龄构成，估测出各区户籍常住人口年龄构成，进一步可以得到各区户籍常住人口中20~34岁的群体规模；使用各区户籍常住人口20~34岁群体规模和各区外来常住人口之和作为各区新市民、青年人群体估测规模（表4.5）。基于上海市土地利用现状及各区居住用地分布，根据各新市民、青年人居住用地人口密度及居住用地规模情况，可得到新市民、青年人群体空间分布（图4.28）。

上海市各区新市民、青年人群体规模估测　　　　　　表 4.5

区域	常住人口（万人）	新市民、青年人群体（万人）	占比（%）
全市	2487.09	1255.00	50.46
浦东新区	568.15	288.92	50.85
黄浦区	66.20	33.95	51.28
长宁区	69.31	28.92	41.73
徐汇区	111.31	45.50	40.88
普陀区	123.98	49.21	39.69
虹口区	75.75	28.43	37.53
杨浦区	124.25	44.52	35.83
宝山区	223.52	109.71	49.08
金山区	82.28	38.34	46.60
静安区	97.57	35.99	36.89
嘉定区	183.43	115.16	62.78
青浦区	127.14	80.28	63.14
奉贤区	114.09	66.87	58.61
闵行区	265.35	144.58	54.49
崇明区	63.79	21.72	34.05
松江区	190.97	122.90	64.36

2. 分布特征

利用局部空间自相关对居住用地上新市民、青年人群体规模分布的高低值区域分析（图4.29）。分析结果呈现出了五种情况，即"不显著区域""高高区域""高低区域""低高区域""低低区域"。"不显著区域"是指局部Moran's I 值等于 0，即人群规模的分布相关性不显著；"高高区域"和"低低区域"是指局部 Moran's I 值大于 0 并且通过了检验，其中"高高区域"具体指该空间单元与邻近单元的人群规模都较高，是人群集聚程度高的地区；"高低区域"和"低高区域"是指局部 Moran's I 值小于 0，表明该空间单元与邻近单元人群规模分布属性相异，其中"高低区域"是指该空间单元的人群规模较高,但邻近单元的人群规模较低,可以认为是人群集聚程度较高的地区。从"高高区域"和"高低区域"的分布可以看到上海市新市民、青年人群体规模在空间的集聚情况。

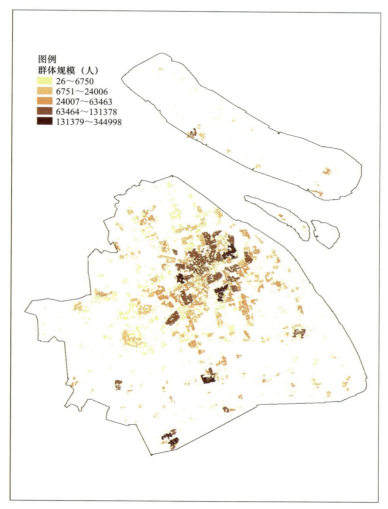

图 4.28　上海市新市民、青年人群体规模在居住用地上的分布

从群体规模居住空间分布的情况看,新市民、青年人群体在外环线内的聚集度最高,主要是静安、普陀、长宁、虹口、徐汇内环和浦东新区外环内,以及杨浦、黄浦区域内;外环线外主要聚集在虹桥徐泾板块、泗泾板块、张江板块、川沙板块、惠南板块,以及奉贤区南桥板块、金山区山阳板块和朱泾板块。

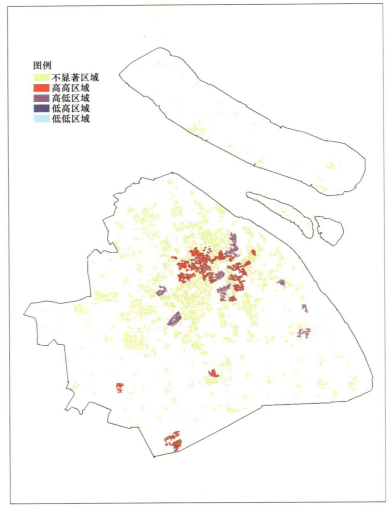

图 4.29　上海市新市民、青年人群体规模局部空间自相关

(二) 就业空间分布

1. 数据处理

根据上海市第四次经济普查按行业门类分组统计从业人员数，2018 年末上海市第二及第三产业从业人员 1170.9 万人，其中工业从业人员 249.5 万人，其他行业从业人员 921.4 万人。基于上海市土地利用现状及各区工业用地和服务业用地分布，结合各区从业人员数、各区工业用地和服务业用地规模情况，可得到各区工业和服务业从业人员规模估测（表 4.6），以及各区就业岗位在工业和服务业用地上的空间分布（图 4.30）。

上海市各区工业和服务业从业规模估测 表 4.6

区域	从业规模（万人）	工业从业规模（万人）	服务业从业规模（万人）
全市	1170.9	249.50	921.4
浦东新区	275.0	47.50	253.81
黄浦区	62.2	0.00	13.95
长宁区	95.4	0.50	29.95
徐汇区	61.0	0.07	18.51
普陀区	84.6	0.46	20.07
虹口区	57.7	0.98	23.50
杨浦区	39.7	0.11	18.42
宝山区	50.0	1.89	S25.20
金山区	108	22.06	107.23
静安区	60.0	30.99	58.29
嘉定区	73.1	29.46	81.11
青浦区	32.0	23.50	37.80
奉贤区	70.9	24.48	73.26
闵行区	42.6	21.88	65.94
崇明区	44.6	33.41	49.99
松江区	14.0	12.21	44.37

2. 分布特征

利用局部空间自相关对工业和服务业用地上的就业岗位高低值区域分析（图 4.31）。分析结果呈现出了四种情况，即"不显著区域""高高区域""高低区域""低高区域"。"不显著区域"是指局部 Moran's I 值等于 0，即该区域的就业岗位数属性分布相关性不显著；"高高区域"是指局部 Moran's I 值大于 0 并且通过了检验，指该空间单元与邻近单元的就业规模都较高，是就业集聚程度高的地区；"高低区域"和"低高区域"是指局部 Moran's I 值小于 0，表明该空间单元与邻近单元就业规模分布属性相异，其中"高低区域"是指该空间单元的就业规模较高，但邻近单元的就业规模较低，可以认为是就业集聚程度较高的地区。从"高高区域"和"高低区域"的分布可以看出就业岗位在空间的聚集情况。

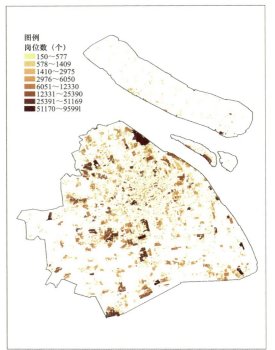 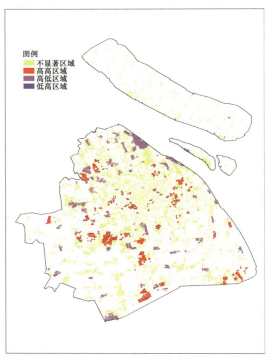

图 4.30　就业岗位在工业和服务业用地上的分布　　图 4.31　就业岗位规模局部空间自相关

从就业岗位规模空间分布的情况看，全市范围内显著性较高的就业集聚区在全市范围内呈现出一定程度的均质分布，与产业园区空间分布（图 4.32）呈现出较高的相似性（表 4.7）。

全市来看，就业高高值区域主要分布在外环外，外环内主要是漕河泾、临空经济园、长风生态商务区、江湾—五角场地区、新江湾城地区、陆家嘴地区、世博—前滩地区；外环外主要是张江科学城、宝山区宝钢基地、嘉定区汽车基地、松江区 G60 科创走廊、奉贤区东方美谷、上海化工区产业基地、临港重装备产业基地等。

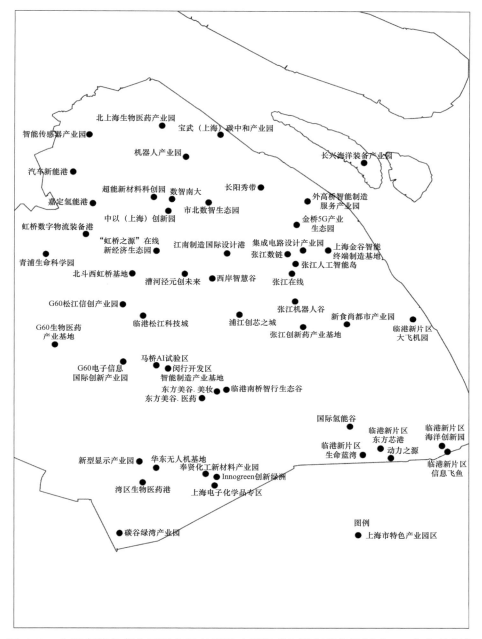

图 4.32　上海市特色产业园区空间布局图（根据《上海市产业地图（2022）》绘制）

上海市就业高值区分布　　表 4.7

区域	就业高高区域	就业高低区域
浦东新区	陆家嘴、世博—前滩、金桥 5G 产业生态园、集成电路设计产业园、张江科技园、浦江创芯之城、惠南镇、临港新片区大飞机园、临港新片区海洋创新园、临港新片区重装备产业基地	新港产业板块、南汇工业园区、祝桥产业板块、六灶城镇工业地块、川沙经济园区、祝桥临空产业园区、高桥石化区域、外高桥产业板块

续表

区域	就业高高区域	就业高低区域
黄浦区	江南智造国际设计港	—
长宁区	临空经济园、"虹桥之源"在线新经济生态园、虹桥路历史文化风貌区	—
徐汇区	漕河泾产业园区	—
普陀区	长风生态商务区	—
杨浦区	江湾—五角场地区、新江湾城地区	上海理工大学
宝山区	—	超能新材料科创园、数智南大、机器人产业园、北上海生物医药产业园、宝武（上海）产业园
金山区	上海化工区产业基地	金山石化产业基地、张掖、朱泾、枫泾产业区
静安区	上海站地区	—
嘉定区	上汽国际赛车场、远香湖地区、安亭汽车城产业基地	嘉定工业区、智能传感器产业园、江桥南部工业区、黄渡工业区、马陆工业区、华亭工业区
青浦区	北斗西虹桥基地、朱家角东方绿舟	虹桥数字物流装备港、青浦工业园产业基地、练塘工业区
奉贤区	东方美谷、上海化工区、星火开发区	金汇城镇工业、青村工业区、四团国际氢能谷
闵行区	虹桥地区、漕河泾地区、莘庄工业区、紫竹科创区、漕河泾浦江科技园	闵行经开区产业基地、吴泾工业区
崇明区	陈家镇论坛商务区	长兴产业基地、东滩主题公园
松江区	松江西部科技园（G60生物医药产业基地）、松江新城、松江工业园产业基地（G60松江信创产业园）、佘山G60松江信创产业园	泗泾工业区、车墩工业园

分区来看，就业高高值区域主要有浦东新区的陆家嘴、世博—前滩、金桥5G产业生态园、集成电路设计产业园、张江科技园、浦江创芯之城、惠南镇、临港新片区大飞机园、临港新片区海洋创新园、临港新片区重装备产业基地；黄浦区的江南智造国际设计港；长宁区的临空经济园、"虹桥之源"在线新经济生态园、虹桥路历史文化风貌区；徐汇区的漕河泾产业园；普陀区的长风生态商务区；杨浦区的江湾—五角场地区、新江湾城地区；金山区的上海化工区产业基地；静安区的上海站地区；嘉定区的上汽国际赛车场、远香湖地区、安亭汽车城产业基地；青浦区的北斗西虹桥基地、朱家角东方

绿舟；奉贤区的东方美谷、上海化工区、星火开发区；闵行区的虹桥地区、漕河泾地区、莘庄工业区、紫竹科创区、漕河泾浦江科技园；松江区的松江西部科技园（G60生物医药产业基地）、松江新城、松江工业园产业基地（G60松江信创产业园）、佘山G60松江信创产业园等。

就业高低值区域主要有浦东新区的新港产业板块、南汇工业园区、祝桥产业板块、六灶城镇工业地块、川沙经济园区、祝桥临空产业园区、高桥石化区域、外高桥产业板块；杨浦区的上海理工大学地区；宝山区的超能新材料科创园、数智南大、机器人产业园、北上海生物医药产业园、宝武（上海）产业园；金山区的金山石化产业基地、张堰、朱泾、枫泾产业区；嘉定区的嘉定工业区、智能传感器产业园、江桥南部工业区、黄渡工业区、马陆工业区、华亭工业区；青浦区的虹桥数字物流装备港、青浦工业园产业基地、练塘工业区；奉贤区的金汇城镇工业区、青村工业区、四团国际氢能谷；闵行区的闵行经开区产业基地、吴泾工业区；松江区的泗泾工业区、车墩工业园；崇明区的长兴产业基地、东滩主题公园等。

（三）职住适宜性

1. 数据处理

基于全市各级道路网（高快速路、主干路、次干路、支路）构建交通网络数据集。由于新市民、青年人出行的交通方式主要是公共交通及助动车，并且结合各级道路限速和交通拥堵等实际情况限制，因此对高快速路、主／次干路、支路的时速分别设置为50公里／时、30公里／时、15公里／时。结合新市民、青年人对通勤时间的接受满意度情况，以就业高值区为目的地，将到达就业区的通勤时间划分为最宜（10分钟内）、宜（10～20分钟）、较宜（20～30分钟）。对识别出来的就业高值区进行归并，在ArcGIS中进行面转点处理，得到全市就业高值点。利用ArcGIS的网络分析方法，得到就业适宜性空间分布情况（图4.33）。

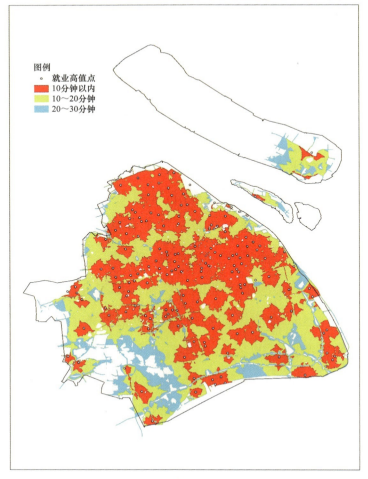

图 4.33　就业适宜性分析结果示意

2. 结果分析

将就业适宜性分级结果与全市现状居住用地叠合后发现：就业高值区 30 分钟通勤范围内覆盖了约 95% 的居住用地。其中就业高值区 10 分钟通勤范围内覆盖了约 60% 的现状居住用地、约 57% 的新市民、青年人群体规模；就业高值区 10～20 分钟通勤范围内覆盖了约 32% 的现状居住用地、约 30% 的新市民、青年人群体规模；就业高值区 20～30 分钟通勤范围内覆盖了约 3% 的现状居住用地、约 5% 的新市民、青年人群体规模。

从各区情况来看，普陀区、金山区、崇明区和松江区就业高值区通勤时间在 10 分钟以内的居住空间相对较少。具体来看：普陀区长风生态商务区范围内居住配套用地确实不多,而且既有的配套住宅档次较高;其周边的长风—曹杨街道以老旧小区住宅为主,居住品质也不能很好地满足新市民、青年人的居住需求,可以考虑在长风生态商务区范围内配建或集中新建一定规模的保障性租赁住房。金山区的就业高值区主要是上海化工区产业基地、金山石化产业基地,由于化工区周边有配建住宅安全距离限制,所以需要重点考虑在通勤时间30分钟范围内筹措符合新市民、青年人居住需求的保障性租赁住房。崇明区在就业高值区30分钟范围内的居住用地少,主要是因为崇明区的就业高值区范围小,且崇明区的城镇人口集中度很高,在就业高值区周边人口密度低,配建的住宅也非常有限。松江区的就业高值区在10分钟通勤范围内覆盖的居住用地虽然仅40%,但是在10~20分钟通勤范围内覆盖的居住用地达到了53%,97%的居住空间都能在30分钟通勤范围内,总体来说职住配套较好(表4.8)。

上海市各区就业适宜性分级范围内居住用地占比情况　　　　表4.8

区域	10分钟以内	10~20分钟	20~30分钟
浦东新区	74%	23%	1%
黄浦区	81%	15%	0%
长宁区	98%	2%	0%
徐汇区	88%	10%	0%
普陀区	46%	53%	0%
杨浦区	78%	20%	0%
宝山区	51%	44%	2%
金山区	6%	43%	30%
静安区	64%	34%	0%
嘉定区	67%	32%	0%
青浦区	60%	31%	1%
奉贤区	60%	34%	4%
闵行区	69%	28%	2%
崇明区	8%	15%	3%
松江区	40%	53%	4%

（四）五个新城等重点地区

《上海市国民经济和社会发展第十四个五年规划和二〇三五年远景目标纲要》提出，加快形成"中心辐射、两翼齐飞、新城发力、南北转型"的市域空间新格局。"新城发力"是大力实施新城发展战略，把嘉定、青浦、松江、奉贤、南汇五个新城建设成为长三角城市群中具有辐射带动作用的独立综合性节点城市，要建成百万人口、千亿产业、枢纽型交通节点、生态品质宜居的"独立""综合""节点"城市。五个新城的发展是更好服务长三角一体化的重要举措，能优化调整上海人口和产业分布不平衡的结构性矛盾。"南北转型"是推动金山、宝山南北两区转型升级，成为现代化转型的上海样本。从《上海市产业地图 2022》看，五个新城和南北转型地区是上海市未来产业发展的重点区域，也是吸引人口集聚的重点地区，因此发展保障性租赁住房、发挥保障性租赁住房的供给效应非常重要。

1. 嘉定新城

根据《嘉定新城总体城市设计（公众版）》，嘉定新城发挥沪宁发展轴上的枢纽节点作用，功能定位是"国际汽车智慧城"，发展汽车、智能传感器及物联网、高性能医疗设备及精准医疗等产业集群。从前文分析的职住适宜性来看，就业适宜性最高的地区主要是在嘉定新城远香湖区域、安亭镇、马陆镇和徐行镇。结合嘉定新城重点区域分布和城镇发展规划，嘉定新城仍需要进一步增加保障性租赁住房的供给规模，一是可重点考虑在远香湖地区提高新建住宅的保障性租赁住房配建规模，二是在安亭、马陆、祝桥、徐行片区增加保障性租赁住房的集中新建。

2. 青浦新城

根据《青浦新城总体城市设计（公众版）》，青浦新城充分挖掘生态文化特色，依托"长三角数字干线"建设数字经济、现代物流、会展商贸产业集群。从前文分析的职住适宜性来看，青浦新城内就业适宜性最高的地区主要是在香花桥街道和赵巷镇。结合青浦新城重点区域分布和城镇发展规划，一方面在香花桥街道和赵巷镇通过改建或产业园区内配建进一步挖潜资源增加保障性租赁住房供应，另一方面在徐泾镇、朱家角镇和华新镇内增加保障性租赁住房的集中新建。

3. 松江新城

根据《松江新城总体城市设计（公众版）》，松江新城以长三角 G60 科创走廊为战略依托，打造科技创新策源与高端产业引领的科创之城，发展生物医药、工业互联网、智能制造装备、新一代电子信息、旅游影视等产业集群。从前文分析的职住适宜性来看，松江新城范围内就业适宜性最高的地区主要是在方松街道、小昆山镇和中山街道部分区域，与新城核心区和东西产业园区基本一致。松江新城要进一步加大保障性租赁住房的供给力度，重点考虑通过产业园区配套用地集中配建，此外可通过在车墩镇、练塘镇和佘山镇通过商品住宅配建或集中新建的方式增加供应，以满足区域产业就业人口的居住需求。

4. 奉贤新城

根据《奉贤新城总体城市设计（公众版）》，奉贤新城依托"东方美谷"产业基础，发展美丽健康、智能网联汽车产业。从前文分析的职住适宜性来看，奉贤新城范围内的就业适宜性总体都较好，但整个奉贤区的就业高值区分布呈散点状，主要在几个产业园区。奉贤区除了在奉贤新城范围内提高保障性租赁住房的配建规模外，重点是要考虑在柘林、青村、四团和金汇镇的产业区周边增加保障性租赁住房的集中新建或配建。

5. 南汇新城

根据《南汇新城总体城市设计（公众版）》，南汇新城依托中国（上海）自由贸易试验区临港新片区，发展集成电路、生物医药、人工智能、航空航天等前沿新兴产业集群。从前文分析的职住适宜性来看，南汇新城就业适宜性最高的地区主要是在南汇新城镇的滴水湖地区、重装备产业区、书院镇和综合产业区内。南汇新城在保障性租赁住房供应上推进力度较大，近几年在人口集聚和支撑产业发展方面效果显著。下一步建议，一是进一步做好重装备产业区的公租房资源利用，二是重点考虑在书院镇和综合产业区内增加保障性租赁住房集中新建。

6. 南北转型地区

（1）金山区

根据《上海市产业地图（2022）》，"南北转型"金山区产业发展是形成"一体引领、两翼支撑、节点联动"空间布局，"一体"的产业主体是位于山阳镇、漕泾镇、亭林镇三镇交界处的上海湾区高新技术产业开发区，以及石化街道和金山卫镇的"碳谷绿湾"产业园。

从前文分析的职住适宜性来看，金山区的就业适宜性最高的地区是石化街道、张堰镇和枫泾镇，与"南北转型"战略对金山区的"一体引领"的产业空间布局存在较大差异。

金山区产业发展历来是依托上海化工和金山化工两大化工产业基地，此外也是乡村振兴战略先行区，而在新兴产业和现代服务业方面基础较弱。金山将在新型显示、碳纤维等先进材料、生命健康及无人航空器等领域推动新兴产业集群发展。在保障性租赁住房发展策略上，建议结合金山区产业布局和城镇功能布局的调整，在产业和功能布局转型发展地区优先重点供应保障性租赁住房。

（2）宝山区

根据《上海市产业地图（2022）》，"南北转型"宝山区产业发展是形成"两城五园"空间布局，即吴淞创新城和南大智慧城，以及超能新材料科技园、碳中和产业园、机器人产业园、北上海生物医药产业园、宝山高新技术产业园区（北区）。

从前文分析的职住适宜性来看，宝山区的就业适宜性最高的地区是大场镇、杨行镇、罗店镇和罗泾镇，与"南北转型"战略对宝山区的产业空间布局基本一致。

宝山区是国家重要的钢铁制造基地,将在高性能钢材等特殊金属材料、生物医药研发制造、智能机器人本体制造等领域打造新兴产业集群。下一步建议在就业适宜性较高的区域进一步加大保障性租赁住房供应,吸引产业人才集聚,为地区转型升级做好人力资源支持。

三、研究结论

(一)上海市的新市民、青年人在外环内向心集聚的特征依然高度显著,五个新城对人口集聚的吸引力效应仍待发力

从新市民、青年人群体规模的空间分布情况可以看到,在外环内的集聚度最高、显著性最大,但五个新城区域内只有奉贤新城南桥镇范围内有一定的规模集聚显著性,嘉定、青浦、松江和南汇新城均未出现显著的集聚效应。

推进五个新城作为独立综合性节点城市建设是上海面向未来的重大战略选择,其本质是人的集聚、人的生活、人的发展。从外部大环境情况来说,生育率下降新增人口降低、城镇化速度减缓、各城市及长三角各地区都在大力集聚人口,上海五个新城的人口集聚确实面临很大的宏观环境挑战。从内部市域情况来说,五个新城想从中心城疏解人口,竞争力差距短期内难以缩小。因此,新城的人口集聚大概率只能通过积极引入新市民、青年人,通过政策性因素"以产引人"依靠非户籍的常住人口导入。

上海这一轮新城的支持政策中高度重视住房问题,尤其重视保障性租赁住房建设,目的就是通过租赁住房解决高房价对人口集聚的障碍。因此要充分利用好保障性租赁住房政策,做好新城人口集聚的重要支撑。从五个新城或所在区的情况来看,嘉定区需要重点在远香湖地区、安亭、马陆、祝桥、徐行片区增加保障性租赁住房供应;青浦区需要重点在香花桥街道、赵巷镇、徐泾镇、朱家角镇和华新镇增加保障性租赁住房供应;松江区需要重点在方松街道、车墩镇、练塘镇和佘山镇增加保障性租赁住房供应;奉贤区需

要重点在南桥、柘林、青村、四团和金汇镇增加保障性租赁住房供应；南汇新城需要重点在重装备产业基地、书院和综合产业区范围内增加保障性租赁住房供应。

（二）显著性较高的就业集聚区在全市范围内均质分布，与产业空间布局呈现出较高的相似性

从就业岗位规模的空间分布情况可以看到，显著性较高的就业集聚区在全市范围内呈较好的均质分布，外环内主要是漕河泾、临空经济园、长风生态商务区、江湾—五角场地区、新江湾城地区、陆家嘴地区、世博—前滩地区；外环外主要是张江科学城、宝山区宝钢基地、嘉定区汽车基地、松江区G60科创走廊、奉贤区东方美谷、上海化工区产业基地、临港重装备产业基地等。就业集聚区的均质分布能有力地支撑各地区社会经济发展。

（三）就业集聚区周边 30 分钟的通勤圈范围内覆盖了全市约 95% 的居住用地，但各区域内部存在较大分异

从就业适宜性分析可以看到，显著性较高的就业集聚区周边 30 分钟的通勤圈范围内覆盖了全市约 95% 的居住用地。中心城区总体情况都较好，但个别地区需要重点关注，如普陀区的长风生态商务区及周边可以考虑增加一定规模的保障性租赁住房供应。

郊区需要重点关注的是金山区、松江区。金山区目前的就业集聚区与"南北转型"的城镇功能转型和产业空间布局存在差异，需要结合最新的功能定位和产业布局规划做好保障性租赁住房供应；松江区需要重点考虑在各大产业园区、车墩镇、练塘镇和佘山镇区范围内增加保障性租赁住房供应。

（撰稿人：范良辰、陈圆圆）

第五章　一线工作人员的保障性租赁住房需求研究

第一节　引言

党的二十大报告提出，为民造福是立党为公、执政为民的本质要求。习近平总书记多次指出，要重视解决好新市民、青年人特别是从事基本公共服务人员等住房困难群体的住房问题，要关注一线职工、进城务工人员、困难职工等群体，排除阻碍劳动者参与发展、分享发展成果的障碍，努力让他们实现体面劳动、全面发展。近年来，上海深入践行人民城市重要理念，坚持在高质量发展中保障和改善民生，住房困难群众的居住条件得到了显著改善，但建筑工人、城市日常运行维护工人、基础公共服务人员等一线工作人员的居住问题依然比较突出。为了解上海市相关行业一线工作人员的实际居住问题，以及对保障性租赁住房的需求情况，上海市住建委牵头通过行业所在管理部门、工会、行业协会、商会，向建筑、环卫、绿化、物业、快递、家政行业发放了针对企业和一线工作人员的调查问卷，共计回收8459份，并实地调研了部分中心城区、五个新城所在区的30余家企业单位。

第二节　人群基本情况和住房需求

一、人群特征

（一）群体规模较大、涉及行业较广

通过对上海城市建设和管理服务行业中建筑、环卫、绿化、物业、快递、家政行业的调查，这部分行业的一线工作人员规模总计约有150万人（2022年），占2022年上海就业人口11.81%、占非户籍常住人口14.91%。其中建筑一线工人33~38万人、环卫一线工人约5.4万人、绿化一线工人约0.97万人、物业一线工人约70.64万人、快递（邮政）一线工人约8.97万人、家政一线工人约30万人。

对比新加坡、中国香港上述城市相关行业一线职工占地区总就业人口的比例情况，其中新加坡该比例为10.3%、中国香港为10.04%，均在10%左右。从经济和就业规模上推算，今后上海这些行业的一线工作人员规模将不会明显减少。

> 据新加坡国家统计局（SingStat）[①]官方数据显示，截至2022年，新加坡共有564万人、389万劳动力人口。相关统计显示，新加坡建筑、环卫、绿化养护、物业、快递等行业的一线职工约40万人，占新加坡劳动人口的10.3%，占总人口的7%左右，其中：（1）建筑行业：新加坡建筑业是一个重要的行业，为基础设施和城市发展做出了巨大贡献。2020年的数据显示，建筑业约有27.1万人。建筑行业尤其是建筑工人多为外籍劳工，新加坡本地居民从事建筑业的人数逐年下降。（2）环卫行业：环卫行业在新加坡扮演着关键角色，包括垃圾处理、废物回收和公共卫生管理。这个行业主要由本地员工和外籍劳工组成。新加坡国家环境局登记在册的环卫工有8.5万人[②]。（3）绿化养护行业：新加坡政府非常重视绿化和环境保护，因此

---

① https://www.singstat.gov.sg/.

② https://www.nea.gov.sg/corporate-functions/resources/facts-figures.

绿化养护行业在新加坡具有相当高的地位。这个行业包括园林绿化、绿地保养和生态保护等，新加坡约有 2.4 万人从事基础绿化工作。（4）物业管理行业：物业管理行业包括物业经理、设施经理、管理助理等职位。这些从业人员在维护和管理商业、住宅和工业物业方面发挥着重要作用。从业人员约 1.3 万人。（5）邮政服务人员：随着电子商务的兴起，新加坡的快递、邮政服务等行业近年来得到了快速发展。这个行业主要由本地员工和外籍劳工组成，从业人员约 0.98 万人。

截至 2022 年 12 月，中国香港总人口为 733.2 万人，总就业人口约 365.6 万人[①]。根据香港建造业议会注册系统统计，约 61.55 万名建筑工人[②]在册。截至 2022 年 12 月，在建筑工地上就业人数为 10.73 万[③]人，占就业人口 2.93%；环卫行业：1.32 万人[④]，占就业人口 0.36%；绿化行业：0.33 万人[⑤]，占就业人口 0.089%；物业行业：8.09 万人[⑥]，占就业人口 2.21%；运输、仓库、邮政及速递服务行业：16.27 万人[⑦]，占就业人口 4.45%，其中，快递行业约 1.48 万人[①]。以上五类行业从业人员规模约占 2022 年香港总就业人口 10.04%（表 5.1）。

---

① 香港特别行政区政府统计处. 就业及空缺按季统计报告［EB/OL］.（2022-12）［2023-08-20］. https://www.censtatd.gov.hk/en/data/stat_report/product/B1050003/att/B10500032022QQ04B0100.pdf.

② 香港建造业议会. 注册建造业工人统计数据［EB/OL］.［2023-08-20］. https://www.cic.hk/common/StatisticofRegWorkers/dashboard.aspx?lang=zh-HK.

③ 香港特别行政区政府统计处. 按地盘规模划分的公营及私营建筑地盘数目、工人人数、职位空缺数目及职位空缺率［EB/OL］.（2023-09-20）［2023-11-03］. https://www.censtatd.gov.hk/tc/web_table.html?id=215-17004.

④ 香港食物环境卫生署.［EB/OL］.［2023-11-03］. https://www.fehd.gov.hk/tc_chi/pleasant_environment/cleansing/clean1.html.

⑤ 香港特别行政区政府统计处. 按行业小分类划分的机械单位数目、就业人数及职位空缺数目（公务员除外）［EB/OL］.（2023-04-14）［2023-11-03］. https://www.censtatd.gov.hk/tc/web_table.html?id=215-16010.

⑥ 香港特别行政区政府统计处. 按行业中类/小类划分的地产活动类的所有机构单位主要统计数字（地产保养管理服务人员）［EB/OL］.（2022-12-30）［2023-11-03］. https://www.censtatd.gov.hk/tc/web_table.html?id=615-73031.

⑦ 香港特别行政区政府统计处. 就业及空缺按季统计报告［EB/OL］.（2022-12）［2023-08-20］. https://www.censtatd.gov.hk/en/data/stat_report/product/B1050003/att/B10500032022QQ04B0100.pdf.

分行业	新加坡（2022）		中国香港（2022）		上海（2022）	
	规模（万人）	占劳动力人口比例（%）	规模（万人）	占就业人口比例（%）	规模（万人）	占就业人口比例（%）
建筑行业	27.1	7.20	10.73	2.93	33～38	2.83
环卫行业	8.5	2.30	1.32	0.36	5.4	0.43
绿化养护行业	2.4	0.64	0.33	0.09	0.97	0.08
物业管理行业	1.3	0.35	8.09	2.21	70.64	5.56
邮政服务行业	0.98	0.26	16.27	4.45	8.97	0.71

表5.1 上海与新加坡、中国香港相关行业一线工作人员规模对比

（二）年龄结构偏大、学历程度偏低

调查结果显示，一线工作人员除家政行业以女性为主以外，其余行业男性占比高，均在70%以上；年龄结构整体偏高，主要集中在41～65岁之间，相比之下快递行业年龄结构相对年轻；受教育水平普遍不高，高中/中专/职高技校及以下学历占比近七成；收入水平差异较大，环卫、绿化和物业行业收入较低，快递、家政、建筑等行业多劳多得，且个别工种收入较高。

1. 建筑行业一线工人后继乏力

在上海务工的建筑工人规模约33～38万人，其中男性从业人员占比约89.8%。年龄偏高，41岁及以上工人占比约68.49%，而18～40岁工人占比约31.51%。从受教育程度上看，初中及以下学历占比约68.09%，高中/中专/职高技校占比约26.37%，大专占比约2.55%，本科及以上占比约2.98%（表5.2）。

建筑行业工人后继力量面临较大挑战，一方面随着装配式建筑产业发展以及行业技术升级迭代，加大了对专业技术人才的需求，另一方面建筑工人的居住条件普遍较差，加之劳动强度大、职业尊严感低、与社会融合度低等

---

① 香港特别行政区政府统计处.按行业组别划分的所有机构单位详细统计数字（运输、仓库及速运服务业）[EB/OL].（2022-12-30）[2023-08-20]. https://www.censtatd.gov.hk/tc/web_table.html?id=635-74007.

因素，年轻人越来越不愿意从事该行业。

2. 环卫行业一线工人非编从业者规模更大

在上海使用公共财政从事公共厕所、垃圾清运、道路清扫等服务的环卫职工约5.8万，其中一线工人约5.4万。除此之外，还有大多是未使用公共财政从事城市环卫工作的一线工人（这部分规模较难统计），以临时工为主要从业形式。按照国际就业统计分类口径，我国环卫行业从业者达到约6.2人/每千人[①]，据此估算上海2022年环卫行业从业者约15.35万人。随着环卫服务"机械化、电动化、智能化"趋势发展，传统的环卫作业模式也正在转型，预计未来从事环卫行业的一线工人规模会有所减少。

3. 绿化养护行业一线工人技能等级水平较高

上海绿化养护行业从业人员约1.2万人，其中一线工人约0.97万人。男性占比约71.3%，18~40岁工人占比约27.03%，41岁及以上工人占比约72.97%。初中及以下学历工人占比约52.8%，高中/中专/职高技校及以上学历工人占比约47.2%。此外绿化养护行业一线工人中具有技能等级的占比约47.3%，是这六个行业中工人技能水平占比较高的。

4. 物业行业一线工人整体学历层次较高

上海物业行业从业人员约70.64万人，男性从业人员占比约70%。18~40岁的从业人员占比约33.5%，41岁及以上的从业人员占比约66.5%。从受教育程度看，物业服务企业在编职工受教育程度是这六个行业中最高的，初中及以下学历占比仅13.48%，高中/中专/职高技校及以上学历占比约86.52%，其中大学及以上占比39.23%（表5.2）。

5. 快递（邮政）行业一线工人流失率很高

上海快递（邮政）行业从业人员约8.97万人，男性占比约89%，年龄结构是这六个行业中偏年轻化的，18~40岁一线从业人员占比约45%，41岁

---

① 盈峰环境科技集团股份有限公司. 环卫从业人员收入现状及行业电动化趋势白皮书（2023）[R]. 2023.

及以上的一线从业人员占比约55%。从受教育程度上看，初中及以下学历占比约35%，高中/中专/职高技校及以上学历占比约65%。在人力资源和社会保障部发布的2022年第四季度全国"最缺工"的100个职业排行中，快递员排名第三。虽然快递行业是我国近十年来规模增长最快的行业之一，但电商的普及带来配套快递业蓬勃发展的同时，行业一线工人普遍缺乏归属感，工作时间长、投诉罚款多、职业尊严感低、职业保障低导致流失率很高（表5.2）。

6. 家政行业一线工人女性占比在95%以上

上海全市家政服务人员约有30万人，95%以上为女性。年龄结构也比较集中，18～40岁家政人员占比仅约16.28%，41～50岁的占比约41.02%，51岁及以上占比约42.7%。从受教育程度来看，初中及以下占比58.6%，高中/中专/职高技校占比29.27%，大专占比9.08%，本科及以上占比约3.05%（表5.2）。

调研行业人群基本情况　　　　　表5.2

		建筑	环卫	绿化	物业	快递	家政
规模（万人）		33～38	5.4	0.97	70.64	8.97	30
年龄结构	18～40岁	31.51%	—	27.03%	33.5%	45%	16.28%
	41岁及以上	68.49%	—	72.97%	66.5%	55%	83.72%
受教育程度	初中及以下	68.09%		52.8%	13.48%	35%	58.6%
	高中/中专/职高技校	26.37%		47.2%	47.29%	43%	29.27%
	大专	2.55%	—		18.42%	22%	9.08%
	本科及以上	2.98%			20.81%	0	3.05%
收入情况		普工7000元/月左右，木工、贴瓷砖工、水电工等熟练工350～450元/天	月均收入约5500元	月均收入6327元	86.52%收入在5000元以下	月均收入7000～8000元	养老服务约6000元/月，育婴师9000～13000元/月，母婴护理13000～18000元/月

（三）各行业一线工作人员收入差距较大

从上海市的调研情况来看，家政行业是这几个行业中收入相对较高的，环卫工人和物业人员收入相对较低。分行业来看：建筑行业一线工人月收入水平主要在8000~10000元/月，其中工种不同也有差异，如普工7000元/月左右，木工、贴瓷砖工、水电工等熟练工350~450元/天。一线环卫职工月平均收入约5500元，绿化养护一线工人月均收入6327元，物业人员86.52%收入在5000元以下，10000元以上的仅占1.33%。快递一线从业者平均月收入7000~8000元，个别大公司或送件量较高的快递小哥月收入可达万元以上。家政行业一线从业者收入水平浮动较大，从事养老服务的工资相对偏低，在6000元/月左右；育婴师为9000~13000元/月，母婴护理为13000~18000元/月（表5.2）。

二、居住现状

（一）总体情况

从住房来源来看，80%左右的建筑工人居住在由集装箱搭建的工地宿舍，环卫、绿化行业一线工人自行租赁住房的占比约65%，快递（邮政）一线工人自行租赁住房的占比约43%，物业一线工人自行租赁住房的占比约25%。除建筑工人外，其他调研到的各行业由单位或雇主企业提供的占比为2.4%~12.6%不等。

从租金承受能力来看，大部分企业愿意为一线工作人员承担的租金补助水平在500元/（月·人）以下；一线工作人员愿意承担的租金水平各行业间差距较大，建筑工人普遍是在300元/（月·人）以下，其他行业一线工人大部分是500~800元/（月·人），家政等个别行业收入较高的能承受2000元/（月·人）。

从居住条件来看，建筑工人人均居住面积最小，其次是环卫行业；建筑和快递行业以多人宿舍为主，其他行业以家庭整租为主；各行业同住人数以2~3人为主（表5.3）。

从对现状居住满意度来看，建筑工人普遍认为安全和卫生条件较差；环卫和绿化行业工人对居住现状不满意程度较高，不满意度分别为48.66%和38.73%，主要原因是认为住宿费用高、居住拥挤和卫生环境差；物业行业和快递行业一线工作人员对居住现状不满意的原因主要是居住拥挤、距离工作地较远，其中物业一线工作人员不满意的占比为24.73%，快递一线工作人员不满意度占比38.01%（表5.3）。

一线工作人员居住现状　　　　　　　　　　表5.3

		环卫（%）	绿化（%）	物业（%）	快递（%）
住房来源	企业提供	2.37	3.43	7.71	12.58
	自行购房	31.23	29.90	67.74	44.48
	自行租赁住房	64.60	64.22	24.01	37.40
	自行租赁＋单位补贴	1.80	2.45	0.54	5.54
租金水平	2000元/月以上	46.17	52.45	52.78	24.39
	1000~2000元/月	32.14	25.17	22.22	30.08
	500~1000元/月	17.16	14.69	11.11	27.29
	500元/月及以下	4.53	7.69	13.89	18.24
住房面积	30m²及以下	72.19	50.49	14.34	39.39
	30~60m²	21.62	27.45	24.37	23.95
	60m²以上	6.19	22.06	61.29	36.66
租住方式	个人整租	22.58	14.69	20.56	30.86
	家庭整租	50.38	55.94	49.44	29.84
	与人合租	27.04	29.37	30.00	39.30
同住人数	1人	11.99	3.43	6.63	13.04
	2人	39.73	29.41	19.00	22.97
	3人	24.55	34.31	42.47	28.98
	4人	13.97	18.14	16.49	14.94
	5人及以上	9.76	14.71	15.41	20.07
通勤时间	10分钟以内	15.75	16.18	12.54	15.26
	10~30分钟	56.32	47.55	34.59	37.17
	30~60分钟	16.45	23.52	33.69	23.14
	60分钟以上	11.48	12.75	19.18	24.43
满意情况	不满意	48.66	38.73	24.73	38.01
	满意	51.34	61.27	75.27	61.99

（二）分行业情况

1. 建筑工人以工地集中居住临时设施为主

建筑工人绝大多数居住在企业统一搭建的工地宿舍，部分居住于企业在工地周边租赁的民宅中，少数自行租赁住房。工地宿舍居住条件普遍欠佳，以4人间为主（72.73%），宿舍面积在20平方米左右，人均居住面积主要集中在3.6～5平方米之间（81.82%），卫浴设施皆为公共卫浴，床位形式主要为上下铺和下床上柜（图5.1、图5.2）。部分施工类企业表示，工地宿舍热水供应困难，医疗、商业等设施缺位，卫生情况差，且存在安全问题，如遇台风天气工人需撤离。工地周边的职工宿舍，指部分建设项目场地小或没有临时用地的企业，无法在工地提供住宿，例如项目较分散的装饰装修企业等，则就近在项目周边的老旧小区或城中村等租金较低区域租赁住房，为建筑工人提供免费的或需支付租金的职工宿舍。企业用于建筑工人居住和管理的费用（包括水、电等）分摊到每人每月约为500元。建筑工人自行租赁住房的占比约为10%～20%，主要是因为有夫妻同住或子女同住的需求，多分布在老旧小区和城中村等区域，月租金约在500～1000元之间。建筑工人通勤时间短，由于绝大多数建筑工人住在工地宿舍，50%的工人通勤时间在10分钟以内，45.45%通勤时间在10～30分钟，而超过半小时的比例仅占4.55%（图5.3）。建筑工人的通勤方式以电瓶车为主，工人电瓶车拥有率约为60%，极少数居住地远离建筑工地的工人，选择公交和地铁等公共交通方式。

2. 环卫、绿化工人家庭整租比例较高

被调查对象中，环卫工人自行租赁住房的占比为64.60%，自行购房的占比为31.23%，企业提供宿舍的占比仅为2.37%。自行租赁住房的环卫工人，月租金在2000元以上的居多，占46.17%，其次是月租金在1000～2000元之间，占三成以上，其中享受单位租金补贴的工人占比仅为2.7%，补贴金额主要在500元/月以内。环卫工人租住方式以家庭整租为主，占比为50.38%，与人合租的比例为27.04%，个人整租的比例为22.58%；同住人以2人居多，占比为39.73%，其次是3人，占比为24.55%；现状住房建筑面积在30m² 以下为主，占比为72.19%；单程通勤时间集中在30分钟以内，占比为72.07%（表5.3）。

绿化养护行业从业人员自行租赁住房占比64.22%，自行购房占比29.9%，企业提供宿舍占比3.43%。自行租赁住房的从业人员月租金较高，在2000元以上的占比为52.45%，在1000~2000元之间的占比为25.17%，其中2.45%享受单位租金补贴，绝大多数租金补贴在1000元/月以上。租赁住房的绿化养护行业从业人员，租住方式以家庭整租为主，占比为55.94%，与人合租的占比为29.37%；同住人以3人居多，占比为34.31%，其次是2人，占比为29.41%；现状住房建筑面积在30m² 以下的占五成左右，在30~60m² 之间的占27.45%；单程通勤时间主要在30分钟以内，占比为63.73%，30~60分钟的占比为23.53%（表5.3）。

3. 物业行业因户籍占比较高自购房比例也较高

相较于其他被调查行业的一线工人，物业行业从业人员自行购房占比达67.74%，其余24.55%自行租赁住房，7.71%由企业提供住房。自行租赁住房的从业人员月租金较其他行业最高，在2000元以上的占比为52.78%，而1000元以下的只占25%，其中2.19%享受单位租金补贴，租金补贴在500~1000元/月之间。租赁住房的从业人员，租住方式以家庭整租居多，占比为49.44%，与人合租的占比为30%；同住人以3人居多，占比为42.47%，其次是2人和4人，占比分别为19%和16.49%；现状住房建筑面积较其他行业最大，在60m² 以上的占61.29%，在30~60m² 之间的占24.37%；单程通勤时间较其他行业更长，在30分钟以内的占比为47.13%，30~60分钟的占比为33.69%，60分钟以上的占比为19.18%（表5.3）。

4. 快递行业工人由企业提供住处的占比略高于其他行业

快递行业从业人员44.48%自行购房，42.93%自行租赁住房，12.58%由企业提供住房。自行租赁住房的从业人员月租金在1000~2000元之间的居多，占比为30.08%，其次是500～1000元之间，占比为27.29%，500元及以下占比为18.24%，其中9.96%享受单位租金补贴，租金补贴在300～500元/月之间的居多，占比为46.06%，其次是300元/月以下，占比为29.13%。租赁住房的从业人员，租住方式以与人合租居多，占比为39.29%，其次是个人整租，占比为30.86%；同住人以3人居多，占比为28.98%，其次是2人和5人及以上，占比分别为22.97%和20.07%；现状住房建筑面积两极分化，在30m² 以下的占39.39%，在60m² 以上的占36.66%；单程通勤时间较其他行业略长，在30分钟以内的占比为52.43%，30～60分钟的占比为23.14%，60分钟以上的占比为24.43%（表5.3）。

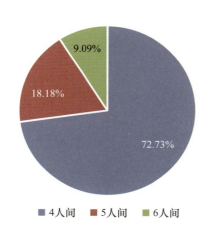

图 5.1　现状工人宿舍居住人数

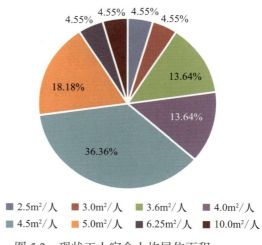

图 5.2　现状工人宿舍人均居住面积

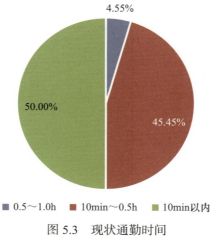

图 5.3　现状通勤时间

三、住房需求

（一）总体情况

基于对建筑、环卫、绿化、物业、快递、家政行业发放的调查问卷，进一步了解了企业和一线工作人员对保障性租赁住房的需求情况。

从是否愿意租住保障性租赁住房来看，不论是一线员工还是企业，对保障性租赁住房的需求度和认同度都较高。从希望租住的房型来看，一线员工和企业的倾向存在较大差异。一线员工更多地希望能租住家庭套间，其次是二人间和单间；企业则以四人间和二人间居多。从可承受最高租金来看，受一线员工的收入高低影响很大，普遍集中在500～800元／月，最高能接受2000元／月以内的；但是企业愿意为每位员工支付的租金基本在500元／月以内。从可承受通勤时间来看，一线工作人员普遍采用公交、助动车或步行通勤方式，能接受的最长通勤时间基本在30分钟以内（表5.4、表5.5）。

一线工作人员租住保障性租赁住房的需求情况　　　　表5.4

		环卫	绿化	物业	快递
租住意愿	不愿意	13.14%	31.86%	56.27%	50.90%
	愿意	86.86%	68.14%	43.73%	49.10%
希望租住房型	单间	22.17%	12.95%	24.59%	29.80%
	二人间	31.35%	30.21%	22.54%	27.63%
	四人间	5.51%	5.04%	6.15%	6.47%
	家庭套间	40.97%	51.80%	46.72%	36.10%
可承受最高租金	3000元／月以上	1.25%	2.16%	9.84%	1.11%
	2000～3000元／月	5.73%	13.67%	10.66%	3.73%
	1000～2000元／月	34.36%	29.50%	37.30%	22.31%
	500～1000元／月	44.27%	34.53%	24.99%	44.56%
	500元／月及以下	14.39%	20.14%	17.21%	28.29%
最长通勤时间	30分钟以内	88.77%	55.88%	75.41%	82.26%
	30～60分钟	10.79%	44.12%	23.77%	14.06%
	60分钟以上	0.44%	0	0.82%	3.68%

企业租住保障性租赁住房的需求情况　　　　　　　　表 5.5

		建筑	环卫	绿化	物业	快递
企业认同度（加权平均）		7.75	8.11	7	8.18	8.33
企业需求度（加权平均）		5.75	7	8	5.7	7.92
希望租住房型	单间	—	15.79%	33.33%	35.21%	30.21%
	二人间	—	36.84%	66.67%	49.14%	43.75%
	四人间	—	31.58%	0.00%	53.30%	58.85%
	家庭套间	—	68.42%	0.00%	44.74%	39.06%
可承受租金	500 元 / 月以内	75.00%	31.58%	66.67%	53.06%	53.65%
	500～1000 元 / 月	25.00%	36.84%	0.00%	26.65%	32.29%
	1000～1500 元 / 月	0.00%	10.53%	33.33%	4.89%	7.81%
	1500 元 / 月以上	0.00%	21.05%	0.00%	15.40%	6.25%

（二）分行业情况

建筑工人对通勤时间要求较高，能够接受的从宿舍到工地的通勤时间在 15～20 分钟以内，可使用电瓶车出行，或在宿舍和工地之间有比较方便的接驳交通，且交通安全要得到保障（图 5.5）。可承担的居住费用较低，绝大多数企业愿意用于解决职工居住问题的费用为每人每月 500 元以内（图 5.6），建筑工人愿意每月自己再承担 200～300 元用于改善居住条件。在基础配套服务设施方面，建筑工人希望居住地有超市、食堂、医务室、理发室、活动室、快递点等服务配套，宿舍内有空调、洗衣机、卫浴等设施，以及实名认证管理系统、VR 安全培训等综合性服务。

环卫工人约四成希望租住家庭套间，31.35% 希望租住二人间，22.17% 希望租住单间，希望租住四人间的占比仅为 5.51%。环卫工人对居住最关心的问题是安全、人员管理、租金以及居住条件，近六成可承受的月租金在 1000 元以内，34.36% 在 1000～2000 元之间。环卫企业愿意为每位员工支付的最高月租金在 1000 元以内的占比为 68.42%。在通勤方面，环卫工人近九成能接受的通勤时间在 30 分钟以内，能接受的通勤时间在 60 分钟以上的仅占 0.44%（表 5.4）；认为最需要的配套设施是超市、菜场、餐饮等便民商业设施，独立卫浴以及卫生站、诊所、药店等医卫设施。

绿化养护行业从业人员半数以上希望租住家庭套间，30.21%希望租住二人间，希望租住四人间的占比仅为5.04%。在租金方面，可承受的月租金在500～1000元之间的居多，占比为34.53%，其次是在1000～2000元之间，占比近三成；企业愿意为每位员工支付的最高月租金集中在500元以内，占比为66.67%。在通勤方面，从业人员中55.88%能接受的通勤时间在30分钟以内，其余能接受的通勤时间在30～60分钟之间（表5.4）。在配套设施方面，一线员工认为最需要的配套设施是超市、菜场、餐饮等便民商业设施，其次是独立卫浴和卫生站、诊所、药店等医卫设施。

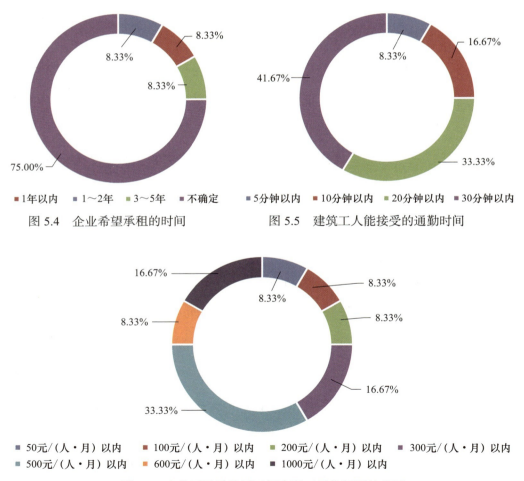

图5.4 企业希望承租的时间　　图5.5 建筑工人能接受的通勤时间

图5.6 企业可承受的用于解决职工居住问题的费用

物业行业从业人员46.72%希望租住家庭套间，24.59%希望租住单间，22.54%希望租住二人间，希望租住四人间的占比为6.15%。在租金方面，42.20%可承受的月租金在1000元以内，37.3%在1000~2000元之间；而企业愿意为每位员工支付的最高月租金在500元以内的居多，占比为53.06%。在通勤方面，从业人员中75.41%能接受的通勤时间在30分钟以内，23.77%能接受的通勤时间在30~60分钟之间（表5.4、表5.5）；在配套设施方面，认为最需要的配套设施是超市、菜场、餐饮等便民商业设施，其次是独立卫浴和卫生站、诊所、药店等医卫设施。

快递行业从业人员36.1%希望租住家庭套间，29.8%希望租住单间，27.63%希望租住二人间，希望租住四人间的占比为6.47%。在租金方面，从业人员可承受的月租金在500~1000元之间的居多，占比为40.93%，其次是在500元以内，占比为28.29%，1000~2000元之间的占比为22.31%；而企业愿意为每位员工支付的最高月租金在500元以内的居多，占比为53.65%。从业人员中82.26%能接受的通勤时间在30分钟以内（表5.4、表5.5）。在配套设施方面，认为最需要的配套设施是超市、菜场、餐饮等便民商业设施，其次是独立卫浴和卫生站、诊所、药店等医卫设施。

第三节 项目区位选址研究

近年来随着住房保障工作的扎实推进，各地城中村、老旧小区改造项目不断进行，城市内适合一线工作人员的租赁房源非常短缺。"十四五"时期大力发展保障性租赁住房，要加快建立"多主体供给、多渠道保障"的总体格局。与以往保障房建设模式不同的是，保障性租赁住房更加重视通过支持政策激发市场活力，供应主体已由政府建设为主转变为政府、企业等其他社会力量共同参与。也正由于多主体共同参与筹建保障性租赁住房，使得建设供给区位有了更多选择。为切实提高保障效果，有必要对面向城市建设和管理服务一线工作人员的保障性租赁住房的项目选址进行研究，为政府住房保障部门对这类项目选址和审批时提供参考。

一、模型构建

（一）衡量维度

围绕保障房选址的研究，有从感知价值理论提出保障性租赁住房应结合城市更新、公共交通、产业分布进行区位选址（李紫薇，2022）；有从社会公平视角、收入水平状况等出发考虑，认为保障房位于城市边缘地区不利于保障对象的就业和生活，应当考虑在方便就业和生活的合理位置，尽量避免因位置偏远带来的交通及生活成本的增加（石浩、孟卫军，2013）；有从促进社会融合的角度认为通过社区环境空间改造尽量降低隔离对社会的负面效应（李甜等，2015）；也有不少通过影响因素评价指标进行定量测度与分析以提出针对性的发展建议（周松，2016）。

通过前文对保障对象特点及住房区位需求的分析，研究认为需要综合考虑区位周边的生活服务设施配套（生活性）、通勤交通（便利性）、可承受的租金水平（经济性），以及就业机会（发展性）四个维度。

1. 生活性

为满足一线工作人员对居住周边服务配套设施的需求，主要是娱乐休闲设施和医疗卫生设施，通过百度POI数据设施分布数量表征。从生活性维度评估，目的在于提高一线工作人员居住环境的生活便利程度和居住体验。居住周边的配套设施与日常活动密切相关，一线工作人员受工作时长等就业条件制约，能够参与户外活动的机会较少，他们往往需要在邻近住区便利地解决日常生活所需。

2. 便利性

准确地说是指通勤便利性。一线工作人员对通勤要求高，除了使用助动车等灵活通勤方式外，这类人群的日常出行及通勤较为依赖城市公共交通。

公交车价格较低、覆盖面广，但通勤时间受道路拥堵情况影响明显；地铁的优势就体现在运行快、出行效率高，而且地铁站点周边一般都有良好的公交车接驳系统。便捷的交通设施及良好的交通条件能满足基本的通勤需求、降低居住的通勤成本与时间成本，保障出行便利性。因此便利性主要基于市域轨道交通站点数据，通过与轨交站点的步行时间距离来表征。

3. 经济性

虽然各行业间一线工作人员收入水平差距较大，但普遍仍是较低收入群体，因此在选择居住条件时，租金是最重要的考量因素。对经济性维度的衡量，主要通过街道镇内住宅整租每平方米平均租金来表征。

4. 发展性

从工种特点上说，从事建筑业、城市日常运行维护、基础公共服务人员的一线工作人员往往存在空间、时间灵活性高等工作特性。但从工作地点上说，一般城市开发建设的重点地区，是建筑工人的主要就业地；成熟人气旺盛配套齐全的城区、商业区，是环卫、绿化、物业等一线工人的主要就业地；居住密度较高的社区是快递、家政等一线工人的主要就业地。因此，发展性维度根据市域内国土空间近期规划近五年的重点地区来表征。国土空间近期规划近五年的重点地区里有国家战略、市级战略开发建设的重点地区，也有老旧城区城市更新转型升级的重点地区，还有经济密度高、品牌特色打造的商务区。

（二）指标权重

从问卷调查的结果显示，保障对象对便利性和经济性最为关注，其次是周边服务设施和邻近就业地。因此在权重分配上，便利性和经济性各占 0.3，生活性中娱乐休闲和医疗卫生设施各占 0.15，发展性占 0.1。将上述表征数据归一化处理后，在 ArcGIS 中按单元格 100×100 大小栅格化，再通过加权总和可得到市域范围内的选址适宜性评估结果。

二、实证分析

基于对上海市娱乐休闲和医疗卫生设施 POI 数据、轨道交通站点数据、街道镇的住宅整租每平方米平均租金以及国土空间近期规划中的重点地区等进行实证分析，从生活性、便利性、经济性和发展性四个维度分项分析结果及加权总和结果（图 5.7、图 5.8）。

从四维度的分项结果来看，生活便利性高的地区虽然在中心城区较密集，但整体在全市范围内呈散点分布；轨道交通站点步行时间距离的空间覆盖率在中心城区较高，但郊区的覆盖率较低；街道镇的每平方米平均租金中心城区普遍较高，郊区比较高的地区在青浦、松江的个别街镇比较突出；根据《上海市国土空间近期规划（2021—2025 年）》，上海"十四五"期间的重点区域主要有：中央活动区一江一河建设重点地区，如北外滩、徐汇滨江、前滩、世博滨江、苏河湾；城市更新的重点地区，如黄埔外滩、大新天地、静安张园、长宁老虹桥、普陀曹杨；中内环的主城副中心如张江、金桥、江湾五角场、真如，以及上海南站和三林滨江地区；外环外主要是主城片区、五大新城以及浦东枢纽等重点特殊地区。

从四维度加权总和的适宜性评估结果来看，各区均有一些适宜度高的地区（表 5.6），且大部分位于距离轨交站点 30 分钟范围内。从市域分布格局来看，外环线内适宜度高的地区主要位于租金水平较低的区域；结合上海市国土空间近期规划，外环线外适宜度高的地区主要位于重点地区范围内。但也有一些地区例外，如川沙新镇、高桥镇、惠南镇、月浦镇、罗店镇、安亭镇、吴泾镇、江川路街道、奉城镇、朱泾镇、枫泾镇等。此外，五大新城除了南汇新城外，其余新城的适宜度最高的地区都位于新城核心区范围内，但南汇新城适宜度较高的地区位于泥城镇和万祥镇的镇区内。

第五章 一线工作人员的保障性租赁住房需求研究

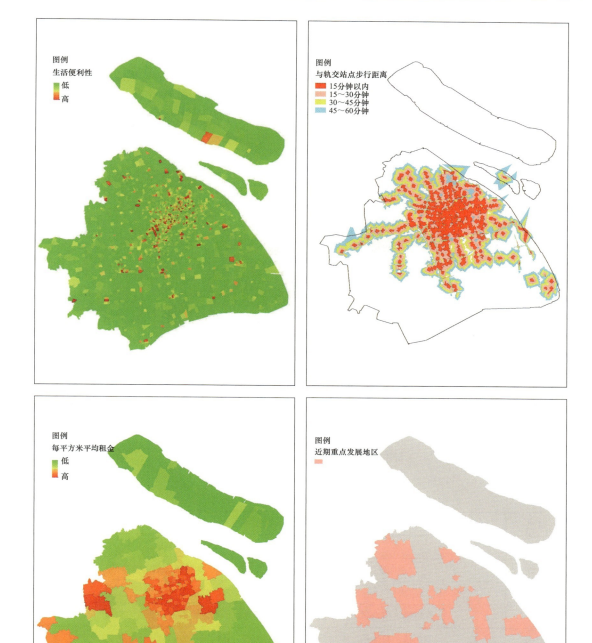

图 5.7 模型四维度分项示意图

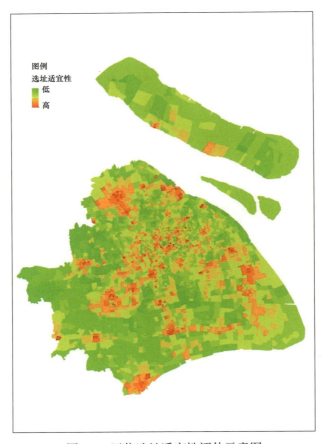

图 5.8　区位选址适宜性评估示意图

各区选址综合适宜度高的地区　　　　　　　　　　　　　　表 5.6

区名	选址综合适宜度高的区域
金山	山阳镇、石化街道、金山卫镇、朱泾镇、枫泾镇
松江	岳阳街道、永丰街道、方松街道、车墩镇、新桥镇、泗泾镇
青浦	徐泾镇、盈浦街道、夏阳街道、赵巷镇
嘉定	江桥镇、南翔镇、安亭镇、外冈镇、马陆镇、嘉定镇街道、新成路街道
宝山	罗店镇、月浦镇、友谊路街道、吴淞街道、杨行镇、庙行镇、张庙街道
崇明	城桥镇、堡镇
奉贤	南桥镇、奉城镇、海湾镇、青村镇
闵行	江川路街道、吴泾镇、颛桥镇、莘庄镇、七宝镇、虹桥镇、梅陇镇
浦东	惠南镇、泥城镇、宣桥镇、三林镇、川沙新镇、花木街道、张江镇、潍坊新村街道、塘桥镇、高桥镇、康桥镇、金杨新村街道
徐汇	凌云路街道、徐家汇街道、天平路街道
长宁	新泾镇、虹桥街道、仙霞新村街道、周家桥街道、新华路街道

续表

区名	选址综合适宜度高的区域
黄浦	瑞金二路街道、五里桥街道、老西门街道、外滩街道
静安	江宁路街道、芷江西路街道、大宁路街道、彭浦新村街道、宝山路街道
虹口	四川北路街道、提篮桥街道、嘉兴路街道、曲阳路街道、江湾镇街道
杨浦	大桥街道、江浦路街道、五角场街道、五角场镇
普陀	真如镇、曹杨新村街道、长风新村街道、长征镇

三、研究结论

通过对上海市部分重点行业的一线工人的问卷调查，以及基于生活性、便利性、经济性和发展性的四维度适宜性分析，得出以下基本结论。

（一）一线工作人员希望租金可承受且邻近就业地

这类人群对住房区位的需求主要体现在区位对其就业的直接影响，此外就是他们对租金很敏感，宁愿为支付更低的租金而牺牲居住品质。他们可承受的月租金普遍在500～800元，能接受的最长通勤时间在30分钟以内。这意味着为这些一线工作人员供应的保障性租赁住房的选址必须考虑在人口和经济密度较高的地区。

（二）对便民商业服务和医卫设施需求高

受其年龄、教育背景、生活习惯等因素影响，他们对居住配套设施也有多元化的需求。事实上，这些一线工作人员因工作强度大、工作时间长、收入普遍较低等因素影响，生活服务性的便民设施对他们而言是最缺乏的。住房区位周边配套设施中，他们对超市、菜场、餐饮等这类便民商业服务设施，以及卫生站、诊所、药店等医卫设施需求最为强烈，其次是图书室、法律服务咨询站等。

（三）关注居住的安全及周边环境

这类人群最为关心的三个住房因素是租金、安全和环境，此外他们希望能更好地融入城市。随着成片旧改的完成、"两旧一村"改造加速推进以及

《上海市住房租赁条例》的实施，原本租住在老旧小区、城中村等这些环境中的一线工作人员的居住需求再次被挤压释放。2023年上半年，深圳城中村统租使这类人群的住房问题更加凸显。深圳城中村统租是政府将城中村打包运营，对房源进行一定程度的改造，再提供给低收入群体或特殊人才，作为公共性质的福利房屋。之所以引发如此大的关注，主要是因为从城中村腾挪出去的这些原本就近就业的低收入群体不仅担忧就业机会减少，也担心难以支付统租后上涨的房租。因此在城市更新新发展阶段，为这些人群提供符合他们需求的住房是上海住房保障体系需要完善的重要内容。

（四）不同行业一线工作人员的需求存在较大差异

尽管城市一线工作人员在居住需求上有上述分析的共性特点，但具体行业工作人员的需求也相差较大。这些城市一线工作人员中，建筑工人的居住灵活性最大，他们往往跟随工程项目而定；环卫、绿化养护和快递等行业，工作地往往集中在社会经济密度较高的城区。因此，区域选址与行业工人之间也存在因时因地的适宜性匹配需求。

（五）为一线工作人员提供的保障性租赁住房选址适宜性较高的地区在全市范围内呈现"大分散小集中"的特点

从上述模型及分析结果来看，适宜性较高的地区总体在全市范围内呈现出"大分散小集中"的特征。其中，中心城区适宜度高的地区主要是租金水平较低的区域，郊区适宜度高的地区主要是城市建设热点区域，且大部分位于距离轨交站点30分钟范围内。按照上述模型能够得到共性需求下的适宜性评价空间结果，这个结果能为政府住房保障部门面向城市一线工作人员的保障性租赁住房建设项目的选址和审批提供参考。

（撰稿人：陈圆圆、李钱斐）

第六章　重点产业人才的保障性租赁住房需求研究

第一节　引言

自中国共产党第十八次全国代表大会以来,以习近平同志为核心的党中央将人才工作摆在党和国家工作全局的关键位置来加以谋划和推进。中国共产党第二十次全国代表大会报告强调,"教育、科技、人才是全面建设社会主义现代化国家的基础性、战略性支撑"。人才是上海建设成为具有世界影响力的社会主义现代化国际大都市的核心资源。2022年,中共上海市经济和信息化工作委员会、上海市经济和信息化委员会制定了《关于新时代上海加强产业人才队伍建设的实施意见》,明确产业人才是上海建设高水平人才高地的重要支撑,也是引领产业发展、培育产业新动能的核心驱动力。在住房成本较高的上海,依托住房保障制度帮助重点产业人才实现"安居梦"具有重要意义。其中,相较其他保障房,面向新市民、青年人且不限户籍的保障性租赁住房对重点产业人才具有更强的保障力度和更精准的保障范围。因此,有必要开展针对重点产业人才的保障性租赁住房需求研究。

为了对上海重点产业人才关于保障性租赁住房的需求特征及租住意愿影响因素进行实证分析,参考《关于新时代上海实施人才引领发展战略的若干意见》(沪委发〔2020〕22号)及相关重点人才引进、培育及队伍建设等文件要求,将学历、职业技能情况满足相应条件,或符合市、区人才认定标准，并在本市人才引领发展战略的要求下相关重点产业内合法就业的群体确定为课题研究的人才对象，住房困难面积标准原则上按照家庭在本市一定区域范围内人均住房建筑面积低于15平方米确定。本章通过委托专业问卷调研公司，采用分层抽样和重点抽样相结合的方法，并按中心城区、五大新城所在区和其他地区人数均匀设置抽样配额，在上海全市领域内开展了针对重点产业人才群体的线上问卷调研，共收集有效问卷2910份[①]（以下简称人才）。

第二节　重点产业人才居住现状分析

一、样本总体情况分析

根据调查结果，受访的重点人才以非沪籍、青年人、已婚状态为主，就业单位广泛，普遍具有高学历、高收入的特征。

受访者年龄结构以年轻化为主。81.83%的受访者年龄在34岁及以下，平均年龄在30岁左右。受访者中新市民群体居多，76.35%为非沪籍，23.65%为沪籍。男性和女性比例相近，女性占比约为51.05%。已婚家庭居多（包括已婚已育或已婚未育），占比为64.57%。受访者受教育水平及整体学历较高。99.68%的受访者学历在大学本科及以上，其中23.32%的受访者为硕士及以上学历。46.44%的受访者获得国家职业资格或技能等级认定证书（三级及以上）。就人才标准来看，42.56%的人才符合市级或工作所在区公布的人才认定标准。

受访的重点产业人才工作单位多为国有企业（17.31%）、城镇私营企业及其他城镇企业（21.37%）、外商投资企业（17.76%）和灵活就业（24.57%），

---

① 人才标准为本科及以上学历，或符合市、工作所在区人才标准，或具有国家二级及以上职业资格认定证书或技能等级。

总体占比超八成。在收入水平方面，近五成（49.86%）受访者税后月收入在8000～15000元区间，税后月收入在20000元以上的占比达10.37%。工作区位主要集中在浦东新区（24.16%）和闵行区（11.32%）。此外，郊区的集聚性高于中心城区。中心城区①工作的受访者占比为20.73%。得益于五个新城放宽人才引进政策以及轨道交通网络的发展，除南汇新城外，五个新城所在区②工作的人才占比为29.63%，高于工作在中心城区的人才占比。

二、居住现状分析

受访的重点产业人才中，大多数人通过租赁住房（含有偿租住及无偿租住）解决居住问题，占比为61.44%，其中93.33%以有偿租赁为住房解决方式。在租赁住房的受访者中，住房来源以市场化租赁住房为主，占比73.82%，租住在保障类租赁住房的人才占比为18.79%。多数人才租住的保障类租赁住房品种为公租房（40.44%）、人才公寓（31.56%）和保障性租赁住房（13.33%）。

在需要租房的受访者中，大部分受访者的租金收入比③在30%以下（76.02%），其中，租金收入比在15%以下的占比为22.75%。此外，23.98%的受访者每月租金收入比在30%以上，租金负担较重，其中，租金收入比大于60%的占比为3.27%。超过八成的受访者没有使用公积金支付租金（87.74%），在使用公积金支付租金的受访者中，公积金占租金比例集中在20%～50%间。在少数（8.97%）不满意公积金制度对租房支持的原因中，公积金提取支付租金的额度太低是主要原因。绝大部分受访者对自己的居住现状表示满意，只有16.67%的受访者对于居住现状不够满意④，房租过高

---

① 黄浦区、徐汇区、长宁区、静安区、普陀区、虹口区、杨浦区。
② 上海市五个新城分别为：南汇新城、嘉定新城、青浦新城、松江新城、奉贤新城。
③ 受访者每月租金支出占家庭平均税后收入的比例。
④ 含"一般""不满意""非常不满意"。

（36.48%）、租金涨幅过大（22.17%）以及租期不稳定（15.09%）是租房的主要痛点问题。

受访的重点产业人才中，自有住房的受访者占比为38.56%，其中，83.41%的人通过市场化购房拥有自有住房。在已购房的受访者中，37.39%的受访者使用公积金和商业贷款的组合贷款方式购买自有住房，其中45.33%的受访者尚未还完住房贷款。多数受访者公积金贷款额度为20万～100万元间（75.54%）。在尚未还清住房贷款的受访者中，37.11%的人每月房贷占家庭月平均税后收入的比例在15%～30%之间，36.08%的人房贷占家庭月平均税后收入的比例为30%～45%，13.14%的受访者房贷负担过重，即房贷占家庭税后月收入的45%及以上。22.31%的已购房受访者对居住现状并不满意[①]，对居住现状不满意的主要原因是物业管理、社区治理水平低，占比为62.83%，另外还有部分受访者因为房贷过高以及与开发商、物业服务企业沟通困难等问题导致不满，占比分别为33.51%和29.32%。

与居住在自有房的受访者相比，处于租住状态下的受访者对于居住现状满意度较低。45.05%的租赁住房受访者认为现有住房未满足需求，与表示现居住住房未能满足需求的23.48%自有住房受访者相比，占比高了约20个百分点。导致居住自有房的受访者认为不满足的原因主要有住房面积过小（55.72%）、停车难（45.77%）和通勤时间长（32.34%）。导致居住在租赁住房的受访者认为不满足的原因主要有住房面积过小（52.71%）、通勤时间长（42.58%）和房屋质量差（30.54%），图6.1为受访者现居住住房未充分满足需求的原因。

[①] 含"一般""不满意""非常不满意"。

图 6.1 受访者现居住住房未充分满足需求的原因

第三节 重点产业人才住房需求分析

调查显示，多数受访者（79.32%）在近五年内有改变当前居住现状的计划，剩下 20.68% 计划较长期地维持现状。在计划换租或购房的人才群体中，明确计划购房的受访者占比 41.08%，明确更换租赁住房的占 19.83%，尚不确定换租或购房的受访者占比为 39.09%。由于本章主要研究重点产业人才对于保障性租赁住房的租住需求，所以本节对重点产业人才的购房需求不作详细分析，只分析与保障性租赁住房租住需求有关的非保障类租赁住房和保障类租赁住房这两类住房的租住需求。

通过调查数据来看，总体而言，在近五年内计划换租的受访者对于租房来源没有明显偏好，选择低于市场租金的保障类租赁住房、市场化机构出租住房和个人出租的住房的受访者占比分别为 36.58%、32.92% 和 30.50%，低于市场租金的保障类租赁住房略受受访者的青睐。

一、关于非保障类租赁住房的需求特征

在租房偏好区域方面，受访者偏向选择浦东新区、闵行区和宝山区，占比由高至低分别为 26.71%、8.87% 和 6.36%。中心城区的总体租赁选择占比

为 32.30%，与五个新城所在区的租赁占比（43.97%）相比低了约 10 个百分点（图 6.2）。

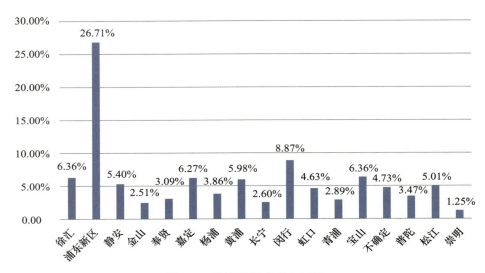

图 6.2　受访者租房意向区域

在租金支付方式上，首选利用公积金支付部分房租的占比最高，约为 42.33%；其次为不使用公积金支付、现金支付的占比为 41.76%；选择利用公积金支付全部房租的占比为 15.91%，这部分人才对其租金可负担性的预期较高。

二、关于保障类租赁住房的需求分析

（一）总体需求情况

46.80% 的受访者有租住保障性租赁住房需求，38.59% 表示没有租住保障性租赁住房需求，14.61% 表示不确定。在有租住保障性租赁住房需求的受访者中，53.71% 的人认为保障性租赁住房社区环境好是其选择的首要原因，其次为租金较市场化住房便宜，占比 52.07%。根据政策要求，现有保障性租赁住房租金要求不高于周边同地段同品质的市场化租赁住房租金的九折，尤其是其中的人才公寓、公租房，租金更为优惠，可达到市场价格的六折左右，具有很大价格优势。此外，39.34% 和 32.98% 的人才租住保障性租赁住房是因为保障性租赁住房项目邻近工作单位和轨交站点,可见,通勤距离和时长也是人才选择租赁住房时的主要考量因素(图6.4)。

不准备租住保障性租赁住房的主要原因是区位较远,通勤时间过长和不了解保障性租赁住房申请政策,占比为44.83%。此外,轮候时间过长(31.78%)、周边配套较少(28.56%)和租金价格相对较高(25.42%)也是导致受访者不打算租住保障性租赁住房的原因(图6.3)。

图6.3 受访者不选择租住保障性租赁住房的主要原因

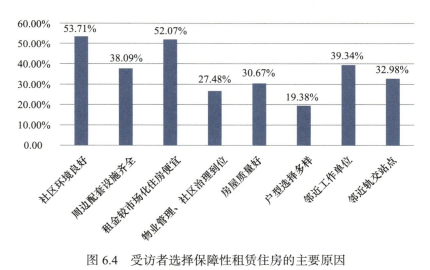

图6.4 受访者选择保障性租赁住房的主要原因

(二)具体需求情况

1. 收入高的受访者租金预算也更高

调查显示,随着受访者收入的提高,个人可承担的最高月租金随之上升。大多数受访者选择的租金区间为2000~6000元,占总人数的八成(79.96%)。

结合收入情况，发现大部分人才可以接受的保障性租赁住房月租金占收入的比例位于 30%～50% 区间。不同行业受访者的租金预算有所差异，从事航运行业和贸易行业的受访者租金预算普遍偏低，而科技行业和金融行业的受访者租金预算相对较高。此外，以家庭为单位的租住群体对租金预算要高于单身，尤其是可接受最高月租金在 10000 元以上的受访者，均是已婚人才。这可能与其人口增多，对居住的稳定性要求提高，且倾向选择更大面积、更多居室及更高品质的租赁住房有关（图 6.5）。

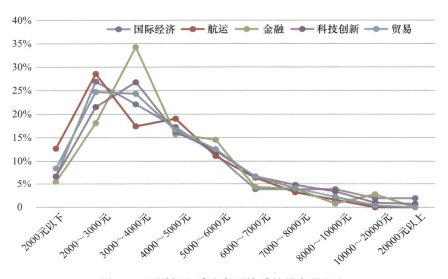

图 6.5　不同行业受访者可接受的最高月租金

2. 两室户是需求的主力户型

19.38% 的受访者选择保障性租赁住房的主要原因是保障性租赁住房户型选择多样。超过半数受访者的偏好户型为两室户，占比为 55.55%。结合人才群体的婚育情况，发现单身更倾向租住一室户，已婚家庭更倾向租住两室户。供职于科创企业和金融企业的受访者对三室及以上户型选择比例高于其他类型人才，可能是由于其收入和预算相对较高。国际经济行业的受访者单身比例在五类人才中最高，相应一室户的需求比例最大。在两室户型中，以 60～80 平方米面积的占比最多，占比超过五成（54.06%）。在一室户型中，以 50 平方米以下面积的占比最多，约为四分之三（图 6.6）。

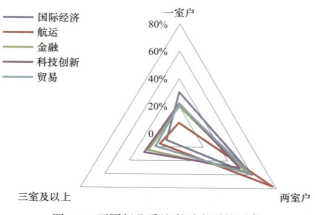

图 6.6 不同行业受访者对户型的要求

3. 绝大部分人才更倾向整租一套房

租住形式上，人才群体的整租需求占主要地位，总体占比超过八成（81.21%），其中，金融、贸易和科技创新人才的整租意愿更为强烈。推测其原因，可能是他们更注重住房的私密性。选择合租的人才占比更少（18.50%）。接受合租的人才以单身为主，且多数希望租住"一间房"，而租住"一张床"的意向更弱，仅占总体需求的 1.06%，航运人才对"一张床"的需求相对其他人才类型较高，可能是由于其涉及部分物流和交通类低收入人群。

4. 计划租住时间较为集中在 2～4 年

受访者计划的租住时间在 2～4 年的居多（34.50%）。从各类人才角度看，国际经济人才计划租住时间以 1～2 年居多，占比接近三成，这与其单身比例较高有关。航运人才租住时长在 1 年内的比例相对其他人才较高，这可能是由于部分工作需跟随项目，工作地点变动较多。金融、科技创新和贸易人才中计划租住 2～4 年的均超过 3 成。结合人才收入水平交叉分析，发现月收入水平较低的人才比较倾向于较短的租期，如月收入在 3500～5000 元的人才，在选择租期一年内的占比较高（9.09%），而收入较高的人才长租意愿明显增加，在计划租住保障性租赁住房 4 年以上的人才中，收入在 20000 元以上的占比高达 18.39%。同时，由于高收入人才住房可负担性较高，更倾向于购房或改善型租赁，因此，一部分高收入人才无法确定租住保障性租赁住房的租期，占比约为 17.33%（图 6.7）。

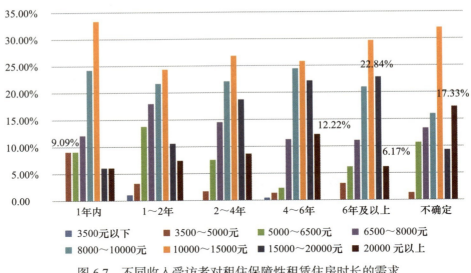

图 6.7　不同收入受访者对租住保障性租赁住房时长的需求

5. 租住区位上集中在内中环和中外环

认为保障性租赁住房"区位较远，通勤时间过长"是大部分人才不选择保障性租赁住房的重要原因（44.83%）。在希望租住保障性租赁住房的人才中，期望保障性租赁住房"邻近工作单位"的占比相对较高（39.34%）。调查发现，人才对保障性租赁住房区位的需求普遍集中在内中环（42.82%）和中外环（37.03%），这可能是受到上海就业空间逐步郊区化发展的影响。鉴于不同行业的人才对保障性租赁住房区位偏好，多与工作区域较为一致，航运人才、科创人才更倾向中外环，金融、国际经济和贸易类则更倾向于内中环。选择内环内的人才占比较少（11.38%），推测与租金价格较高有关。外郊环（7.04%）和郊外环（1.74%）总体受限于通勤、配套等因素，选择人数最少（图 6.8）。

6. 通勤时长的接受度多在 1 小时以内

受访者可接受的最长单程通勤时间普遍在 1 小时以内（76.69%），其中，多数人接受 0.5～1 小时间的单程通勤时间，占比超八成（83.04%）。极少数（4.15%）受访者表示可以接受 1.5 小时以上的通勤时间。不同行业的受访者对通勤时长的接受范围没有呈现显著差异（图6.9）。

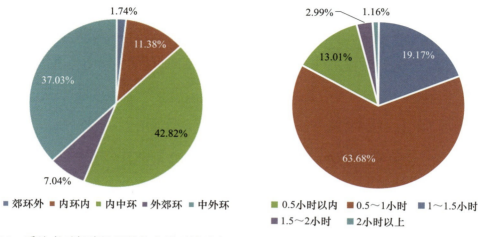

图6.8 受访者对保障性租赁住房的环线需求   图6.9 受访者对单程通勤时长接受度

7. 对轨交距离的需求普遍为600～1000米

在倾向选择邻近轨交站点的保障性租赁住房项目的人才中，出于通勤时间、轨道交通的噪声、生活出行的便利性等因素的考量，过半数人才对距离的需求在600～1000米之间（60.00%）。27.94%的人才希望租住在离轨交站点600米之内的保障性租赁住房项目。相比之下，人才对距离轨交站点1000～1500米的保障性租赁住房需求较低，占比为10.59%。对于距离轨交站点大于1.5公里的项目基本上不作考虑，仅占比1.76%（图6.10）。

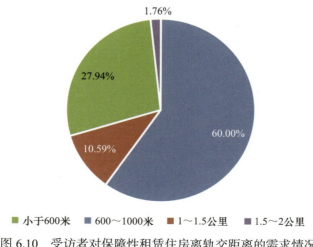

图6.10 受访者对保障性租赁住房离轨交距离的需求情况

8. 周边配套设施中生活服务类设施的需求最高

各类人才中超过 3 成认为"周边配套设施齐备"是其选择保障性租赁住房的重要因素，科创、航运、国际经济的行业人才，对配套更为看重。在倾向选择周边配套设施齐全的保障性租赁住房项目的人才中，87.82% 人才更倾向于菜场、商超等生活服务类设施，可见满足基本生活需求是首要的考虑因素。其次是医院等医疗类设施和公园等文体设施，分别占比 64.97% 和 54.82%。最后为学校等教育类设施和银行等金融类设施，两类占比均在 30% 左右。相对而言，金融人才对周边金融设施配置的要求更多，航运人才由于已婚家庭比例高，对教育类设施要求更多（图 6.11）。

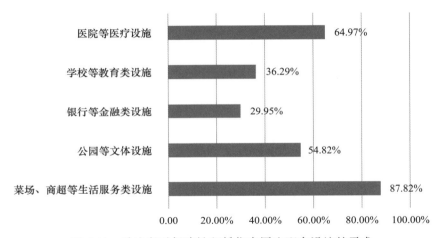

图 6.11　受访者对保障性租赁住房周边配套设施的需求

9. 人才可接受的轮候时长多为 2 年内

轮候时间长短是受访者选择是否租住保障性租赁住房的重要考量因素之一。调查显示，30% 左右的受访者因为轮候时间过长而不愿租住保障性租赁住房。绝大部分具有保障性租赁住房需求的受访者（96.34%）可以接受轮候，不接受轮候的受访者占比仅为 3.66%。在对不同轮候时长的接受度上，47.59% 的人才能接受的最长轮候时间是 1 年内，其次是 1～2 年（34.49%），对于两年以上的轮候时长，人才的需求意向明显下滑，为 12.24%。对比不同行业的受访者，对轮候时长的接受度从高到低分别为航运、贸易、金融、科创和国际经济行业（图6.12）。

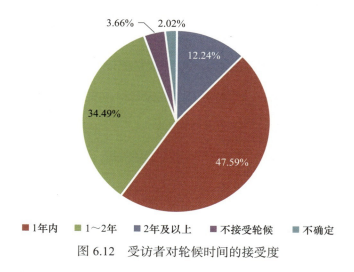

图 6.12 受访者对轮候时间的接受度

10. 安全服务为最需保障的服务

27.48%的人才表示选择保障性租赁住房的主要原因是"物业管理、社区治理到位"。在希望保障性租赁住房项目提供的具体服务方面，这部分人才对门卫、监控等安全保障服务重视度最高，超七成（74.74%）人才提出了安全方面的服务需求。从性别来看，女性受访者对安全保障服务比男性更为看重。其次，受访者对保障性租赁住房社区内娱乐场所和餐饮配套的需求也较高，占比分别为49.12%和45.61%。相较而言，受访者对公共洗衣间的需求较少，可能与其注重私密性有关，更偏向在独立空间内使用洗衣设备。

不同行业的受访者中，贸易和科创行业的受访者对休闲娱乐场所的需求较多。近一半的航运、科创、金融行业的受访者对餐饮配套和绿化养护也有较大需求。国际经济行业受访者对入户卫生清洁服务和公共洗衣间的需求相对高于其他行业，更关注清洁状况（图6.13）。

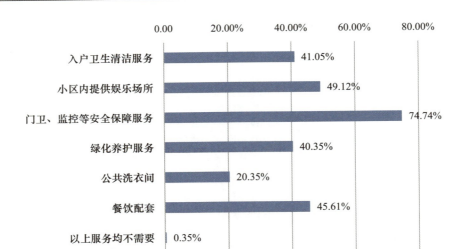

图 6.13　受访者对保障性租赁住房提供的服务需求

三、重点产业人才租赁政策需求

超过七成（74.35%）的受访者希望能获得租赁市场租金管控相关措施；近半数（49.57%）希望加大低于市场租金的保障类租赁住房供应，便于以较低的租金更好地满足住房需求，减少住房成本；49.86% 的受访者希望房源信息更加公开透明，有助于减少信息差，推进供需两端高效匹配；40.60% 的受访者期待可以获得租期更稳定的租赁住房（图 6.14）。

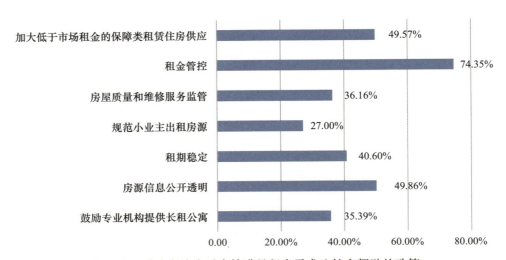

图 6.14　受访者认为对支持满足租房需求比较有帮助的政策

第四节 保障性租赁住房租住意愿的影响因素研究

作为上海市住房保障体系的新品种，学界对于居民保障性租赁住房租住意愿的影响因素的研究尚不充分，特别是针对人才群体的相关研究较为少见。因此，有必要从重点产业人才群体的租赁需求出发，研究重点产业人才租住保障性租赁住房意愿的影响因素及其具体影响效应，对促进优化保障性租赁住房供应和人才需求间高效匹配，实现保障性租赁住房精准供应具有较高的研究价值和现实意义。

国内外学者针对公共租赁住房或租赁住房需求影响因素开展了一系列研究，如杨暄（2020）、曾珍等（2012）与 Zainun 等（2013）、Lee 和 Kwag（2022），发现受访人才的年龄、学历等个体特征、满意度等居住现状特征和政策端认知等影响因素会对人才对租赁住房或保障类租赁住房的租住意愿起到显著影响。基于调查数据4，本节实证模型以保障性租赁住房租住意愿作为被解释变量。被解释变量分为包括人才性别、年龄、婚育情况、受教育水平在内的人口学变量，包括就业类型、是否符合人才认定标准的职业特征变量，包括租金占收入比例、缴存公积金情况、对保障房政策的满意度的。

一、变量选择

（一）被解释变量

本节实证分析的被解释变量为保障性租赁住房租住意愿，基于问卷中被访的人才对"您近期是否有租住保障性租赁住房的需求"的回答为"没有需求"和"不确定"认定为暂无租住保障性租赁住房的意愿，将回答"有需求"认定为存在租住保障性租赁住房的意愿，由此构建二分类的被解释变量。

（二）解释变量

问卷中反映人才群体租住特征和政策评价的问题主要有三个，其中"每月租金支出占家庭月平均税后收入的比例"可以体现受访者租住负担，回答有"15%以下""15%～30%""30%～45%""45%～60%""60%～75%""75%以上"等六种情况。"您是否缴存了住房公积金"体现受访者住房福利情况，回答有"是""否"两种情况。"请您对保障房政策的满意度进行打分"体现了受访者对住房保障制度和政策的满意度，满意程度由 1 至 5 的分数衡量，5 分最高，代表认为非常重要或非常满意；1 分最低，代表认为完全不重要或非常不满意。

根据学界有关个人特征因素影响租住意愿的研究，选择受访人才的性别、年龄、婚育情况、受教育水平、就业类型、人才认定 6 个变量共同纳入计量分析。婚育情况在问卷中分为"单身""已婚未育""已婚已育"，本章将婚育情况统一合并为"单身"和"已婚"。受教育水平在问卷中分为"高中/中专/职高技校及以下""大专""本科""硕士""博士"，本章将受教育水平处理为"12 年以下""12～16 年"和"16 年以上"的连续变量。就业类型变量对应问卷"您当前的就业类型"，分为"国家机关和事业单位""国有企业"及"其他"等 8 种。人才认定变量对应问卷"您是否符合市或单位所在区的人才标准"，将回答"是"记为符合有关人才认定标准，将回答"否"和"不清楚"记为不符合有关人才认定标准。

二、样本总体情况

根据样本总体情况，归纳总结所有变量赋值和描述性统计结果（表 6.1，表 6.2）。本章将就业类型变量设置为虚拟变量，其中以就业类型为"城镇集体企业"为参照组。

数据统计与变量赋值　　　　表 6.1

变量名称	变量赋值情况	平均值	标准差	最小值	最大值
保障性租赁住房租住意愿	有需求＝1，没有需求、不确定＝0	0.464	0.499	0	1
租金收入比	15% 以下＝1，15%～30%＝2，30%～45%＝3，45%～60%＝4，60%～75%＝5，75% 以上＝6	2.120	0.761	1	6

续表

变量名称	变量赋值情况	平均值	标准差	最小值	最大值
公积金情况	缴存公积金=1，没有缴存公积金=0	0.870	0.336	0	1
政策满意度	非常不满意=1，不满意=2，一般=3，满意=4，非常满意=5	3.603	0.977	1	5
性别	女=0，男=1	0.489	0.500	0	1
年龄	按受访者实际填写为准	30.617	5.355	19	55
婚育情况	单身=0，已婚已育，已婚未育=1	0.646	0.478	0	1
受教育水平	12年以下=1，12～16年=2，16年以上=3	2.229	0.428	1	3
就业类型	国家机关和事业单位=1，国有企业=2，城镇集体企业=3，外商投资企业=4，城镇私营企业及其他城镇企业=5，民办非企业单位和社会团体=6，灵活就业人员（个体工商户和自由职业者）=7，其他=8	4.323	2.071	1	8
人才认定	是=1，否，不清楚=0	0.426	0.495	0	1

变量描述性统计 表6.2

变量名称	变量赋值情况	频数	百分比（%）
保障性租赁住房租住意愿	没有需求，不确定=0	1173	53.56
	有需求=1	1017	46.44
租金收入比	15%以下=1	215	17.24
	15%～30%=2	731	58.62
	30%～45%=3	250	20.05
	45%～60%=4	41	3.29
	60%～75%=5	7	0.56
	75%以上=6	3	0.24
公积金情况	没有缴存公积金=0	284	12.97
	缴存公积金=1	1906	87.03
政策满意度	非常不满意=1	51	2.33
	不满意=2	234	10.68
	一般=3	644	29.41
	满意=4	865	39.50
	非常满意=5	396	18.08
性别	女=0	1118	51.05
	男=1	1072	48.95

续表

变量名称	变量赋值情况	频数	百分比（%）
婚育情况	单身=0	776	35.43
	已婚已育，已婚未育=1	1414	64.57
受教育水平	12年以下=1	7	0.32
	12~16年=2	1674	76.44
	16年以上=3	509	23.24
就业类型	国家机关和事业单位=1	166	7.58
	国有企业=2	379	17.31
	城镇集体企业=3	468	21.37
	外商投资企业=4	43	1.96
	城镇私营企业及其他城镇企业=5	389	17.76
	民办非企业单位和社会团体=6	200	9.13
	灵活就业人员（个体工商户和自由职业者）=7	538	24.57
	其他=8	7	0.32
人才认定	否，不清楚=0	1258	57.44
	是=1	932	42.56

从表6.2中可以看出，在2219位被调查的人才样本中，男性占比48.95%，女性占比51.05%；受教育水平以12~16年为主，占比76.44%；以已婚家庭为主，占比64.57%；就业类型分布广泛，灵活就业人员占比24.57%；符合特定人才标准的占比超四成，为42.56%；对保障房政策满意的占比为57.58%；87.03%人才缴存公积金；58.62%的人才租金占收入比在15%~30%之间。

三、模型设定

由于被解释变量保障性租赁住房租住意愿是二分类变量，所以本章将采用二元logit回归模型研究各因素对保障性租赁住房租住意愿的影响程度，模型中被解释变量与解释变量间的函数关系式如下：

$$\log\left(\frac{p}{1-p}\right) = \beta_0 + \beta_1 x_1 + \beta_2 x_2 + \beta_3 x_3 + \cdots + \beta_i x_{\text{control}} + \varepsilon$$

其中，p 为重点产业人才选择租住保障性租赁住房的概率，$p/(1-p)$ 为重点产业人才选择租住保障性租赁住房与选择不租住保障性租赁住房的概率之比，即比值比。x 为解释变量，β 为各解释变量的待估系数，ε 为随机误差。

四、研究假设

基于本章研究需要和相关领域研究结论，提出以下研究假设：

（一）关于受访者个人特征与保障性租赁住房租住意愿的研究假设

通过梳理人才对租赁住房或保障房需求影响因素的相关学术研究，发现性别、年龄、婚育状况、受教育水平、工作稳定性等个人特征对其租赁住房或保障房的需求可能产生显著影响。李国栋（2019）通过研究青年人才住房租购选择影响因素，发现性别对住房租购选择并无显著影响，年龄越大，青年人才购买住房的可能性越大，从而对租赁住房的需求有所降低。同样，曾珍等（2012）研究发现新就业毕业生的性别与其公租房需求没有显著关系。对于年龄，池宇杭（2021）发现人才年龄越大导致对租赁住房的满意度越低，借由租房满意度的降低，削弱了其对租赁住房的租住意愿。对于婚育状况，林家兴、陈彦仲（2003）发现，出于对子女教育的需要，中国台湾地区的已婚人才家庭选择购买住房的可能性大于单身人才，选择租赁住房的可能性较小。

在受教育水平方面，何燕山（2021）发现新市民家庭的文化程度对其租赁型保障住房的需求有负向显著影响，学历越高对租赁型保障房的需求越小。个人的职业性质和工作稳定性会显著影响住房租购选择行为，Arimah（1996）的研究结果显示，工作稳定性更弱的，如蓝领职工，比白领职工更愿意选择租赁住房。国内学者发现公务员、事业单位等工作性质较稳定的人员对公租房的消费意愿相对较小（曾珍、邱道持、李凤等，2012）。基于以上研究分析，提出关于个人特征的如下假设：

假设1：年龄越小的人才越倾向于租住保障性租赁住房。

假设2：已婚人才对保障性租赁住房的租住意愿比未婚人才弱。

假设3：学历越低的人才对保障性租赁住房的租住意愿越强烈。

假设4：就业性质越不稳定的人才对保障性租赁住房的租住意愿越强烈。

（二）关于住房可负担性与保障性租赁住房租住意愿的研究假设

张军涛、李想（2014）发现城镇居民的房租承受力与公共租赁房的消费意愿呈显著负相关关系，房租可承受能力越弱的居民对公共租赁房消费意愿越强。多数学者将租金和收入设置为两项影响因素分别研究其对租购意向的影响。例如，何亚娜（2023）发现新市民、青年人的租金和收入分别对其保障性租赁住房需求呈显著负相关关系，即租金越高、收入越高，对保障性租赁住房的租住意愿越小。杨巧、李仙（2019）发现住房消费占家庭支出的比例增加会导致居民迁移意愿的增强。基于以上研究分析，提出关于住房可负担性特征的如下假设：

假设5：租金占收入比越高的人才对保障性租赁住房的租住意愿越强烈。

（三）关于住房公积金变量与保障性租赁住房租住意愿的研究假设

吴义东、王先柱（2018）通过研究青年群体住房租买选择，发现住房公积金对青年群体的购房意向具有一定的促进作用，缴存公积金的家庭购房意向更大，反之租赁需求变小。本文提出关于住房福利特征的如下假设：

假设6：缴存公积金的人才对租住保障性租赁住房的租住意愿比没有缴存公积金的小。

（四）关于政策评价与保障性租赁住房租住意愿的研究假设

何亚娜（2023）对济南市新市民、青年人的研究表明，政策引导显著正影响保障性租赁住房的需求，保障性租赁住房相关政策落实程度越高，居民对政策的满意度越高，其对保障性租赁住房的需求越大。此外，秦颖等

(2021)通过公租房入住率影响因素的实证分析,认为国家支持性政策法规能在一定程度上鼓励中低收入群体家庭租住公租房。基于以上研究分析,提出关于政策评价特征的如下假设:

假设7:对保障房政策满意度越高的人才对保障性租赁住房的租住意愿越强烈。

五、影响因素分析

(一)共线性检验

在进行保障性租赁住房租住意愿影响因素分析前,需要对所有自变量进行共线性检验。通过 OLS 回归模型,发现所有解释变量的方差膨胀因子,即各变量的 VIF 值以及模型 Mean VIF 值(1.11)均小于 10(表 6.3)。因此得出,所有解释变量之间不存在多重共线性的问题。

变量多重共线性检验结果　　　　　　　　　　表 6.3

变量名称	VIF	1/VIF
租金收入比	1.03	0.972859
公积金情况	1.05	0.951864
政策满意度	1.08	0.925095
性别	1.05	0.955264
年龄	1.31	0.765655
婚育情况	1.37	0.729397
受教育水平	1.06	0.939844
国家机关和事业单位	1.20	0.831936
国有企业	1.43	0.700289
外商投资企业	1.08	0.923463
城镇私营企业及其他城镇企业	1.52	0.659520
民办非企业单位和社会团体	1.30	0.770038
灵活就业人员	1.64	0.607949
其他	1.02	0.982361
人才认定	1.10	0.909747

（二）回归结果分析

运用 Stata17 软件，定量研究不同解释变量对保租房租住意愿的影响程度。二元 Logit 回归结果报告了解释变量的平均边际效应回归结果（表 6.4）。

保租房租住意愿的 Logit 模型回归结果　　　　　表 6.4

解释变量名称	回归结果
性别	−0.030
	（0.027）
年龄	−0.052
	（0.003）
婚育情况	0.715***
	（0.032）
受教育水平	−0.382***
	（0.033）
就业类型 （参照组：城镇集体企业）	
国家机关和事业单位	−0.259
	（0.067）
国有企业	0.269
	（0.048）
外商投资企业	0.004
	（0.095）
城镇私营企业及其他城镇企业	0.097
	（0.043）
民办非企业单位和社会团体	0.382*
	（0.050）
灵活就业人员	0.495***
	（0.039）
其他	（omitted）
	（0.061）
是否符合人才认定标准	0.340***
	（0.029）
租金收入比	0.164**
	（0.018）
公积金情况	0.752***
	（0.039）
政策满意度	0.054
	（0.013）
常数项	−0.205
	（0.136）

续表

解释变量名称	回归结果
Pseudo R2	0.0520
模型卡方值	79.77
（P值）	（0.0000）

注：***、**、*分别表示估计量在1%、5%和10%的显著水平上显著。括号中数字表示经过异方差调整后的稳健标准差。

结合分析结果发现，年龄变量与人才对保障房政策满意度变量没有显著影响保租房租住意愿，假设1、假设7没有通过检验。假设2、假设3、假设4、假设5、假设6均通过检验。

1. 租金可负担性越弱的人才越倾向于租住保租房

根据模型回归结果可知，租金收入比对保租房租住意愿的负影响在5%的水平下显著，说明租金收入比越高的人才对保租房的租住意愿更强烈，假设5通过检验。随着受访人才的租金收入比每上升一个单位，即租金占税后月收入比例提高15%，其对保租房的需求会上升16.4%。保租房作为住房保障制度下实物补助的主要品种，通过政府引导和市场参与的有机结合，大部分保租房租金定价相比同地段同品质的市场化租赁房源租金更低。因此，保租房的租金优势对于租金支付能力较弱，租房可负担性较弱的人才的吸引力更大，相应租住意愿更强。

2. 缴存公积金对保租房租住意愿产生正向影响

回归结果显示，缴存公积金与否在1%的水平下对租住保租房意愿存在显著正向影响，说明缴存了公积金的人才更愿意租住保租房，相比不缴存公积金的人才，已缴纳公积金的人才对保租房租住意愿高出约75.2%。缴存公积金情况对保租房租住意愿的影响方向与假设6的预期方向相反，假设6没有通过检验。作为住房福利之一，住房公积金制度有助于保障职工的住房权益，此外，为进一步缓解保租房租金产生的经济压力，上海住房公积金政策为保租房租户提高了提取公积金限额。公积金对保租房的各项倾斜性支持政策促使缴存公积金的人才选择利用较大的公积金支付比例来缓解租住保租房的租金压力。

3. 已婚人才家庭倾向于租住保租房

回归结果显示,婚育情况在1%的水平下对保租房租住意愿有显著正影响。对比单身的人才,已婚人才家庭入住保租房的意愿高出71.5%。婚育情况对保租房租住意愿的影响方向与假设2的预期方向相反,假设2没有通过检验。这可能是由于人才婚后需要更稳定的租约、租期和租金调价机制,而保租房由于原则上不限租期以及每年稳定的租金涨幅限制,对已婚的人才家庭产生了较大的吸引力。

4. 受教育水平越低对保租房的租住意愿也越强烈

受访者的受教育水平在1%的水平下对保租房租住意愿有显著负影响,假设3通过检验。学历越低的受访者对于保租房的租住意愿越强。随着人才的受教育水平每上升一个单位,即每提高4年的受教育年限,其对保租房的租住意愿会降低38.2%。对于受教育水平越低的人才,其收入普遍相对较低,住房可支付能力较弱,因此其对同地段同品质房源较低租金及稳定租金涨幅的保租房租住意愿相对更强烈。

5. 人才的就业类型影响保租房租住意愿

回归结果显示,民办非企业单位及社会团体和灵活就业人员两个变量在1%的水平上显著正影响保租房租住意愿,说明相比城镇集体企业的人才,工作在民办非企业单位及社会团体内或属于个体工商户和自由职业者等就业稳定性较差的人才对保租房租住意愿更强烈,对保租房的租住意愿分别高出38.2%和49.5%。因此,假设4通过检验。工作较不稳定的人才对于稳定租约和租期的租赁住房租赁意愿更高。

7. 符合认定标准的人才对保租房租住意愿更大

受访者是否符合相关人才认定标准在1%的水平下对保租房租住意愿有显著正影响。相比不符合人才认定标准的受访者,符合人才认定标准的受访者对保租房的租住意愿提高了34.0%。这可能是因为上海有面向市级或区级认定的人才发放租赁补贴的人才安居政策，经过认定的人才可以获得每月800~2000元不等的人才安居租赁补贴，为人才满足住房需求和提升住房品质提供了资金支持，有可能导致符合相关认定标准的人才对租住保租房产生较大的需求。

（三）小结

本节通过对上海市新市民、青年人中重点产业人才对保障性租赁住房的租住意愿进行实证分析，经过二元Logit回归分析后发现，性别和政策满意度对保障性租赁住房的租住意愿没有显著影响。租金收入比、缴存公积金、受教育水平、就业类型、人才认定等变量对保障性租赁住房的租住意愿具有显著的正向影响。基于以上结论，提出推进保障性租赁住房与市场化租赁住房间互相补充及有序衔接、扩大并加强公积金政策保障范围和保障力度、广泛开展人才继续教育、研修及技能培训工作和定期优化调整人才认定标准等方面的政策建议。

（撰稿人：代伟华）

第七章　保障性租赁住房发展所面临的挑战

第一节　全局层面面临的挑战

一、目标群体规模较大对提高政策精准性公平性带来挑战

如何确定住房保障范围，即精准性成为住房保障政策设计的最大难点。从国外发展情况来看，有些国家由于住房保障覆盖面过窄，导致保障对象轮候时间过长，有的等待时间甚至达到十年之久；也有些国家由于住房福利泛化，使得政府的财政负担和公共管理成本沉重不堪。我国保障性租赁住房主要解决符合条件的新市民、青年人等群体的住房困难问题，根据前文统计数据，截至2022年底上海累计供应保障性租赁住房约22万套（间），而2022年上海单"新市民"规模就达到1035万人左右。在上海新市民、青年人量大面广的背景下，完全依靠保障性租赁住房难以解决全部新市民、青年人的住房困难问题，使得上海实现更加精准地确定以及调整保障性租赁住房覆盖面面临着较大的挑战。

同时，政策实际覆盖面小于目标覆盖面也为保证政策的公平性带来了挑战。保障房作为社会保障制度的一种体现，是国家从社会公平正义的层面出发，帮助社会中低收入人群解决住房难题的最直接、最有效途径，公平性是住房保障政策的应有之义，特别是水平公平体现在同等经济收入条件的居民，获得住房保障的机会应该相等。但为了顺应上海产业发展战略，服务于构建"3＋6"重点产业体系，发挥保障性租赁住房服务上海人才引领发展战

略的作用，在政策实践过程中，保障性租赁住房政策注重与重点用人单位、重点人才以及新毕业大学生等重点群体的租赁需求对接，使得政策保持公平性存在一定难度。因此，在保障性租赁住房发展初期难以有效覆盖全部目标群体的情况下，如何确保存在住房困难的各类新市民、青年人能够平等享受保障性租赁住房是政策优化完善面临的难题之一。

二、目标群体存在的异质性对增强供需适配性带来挑战

上海以开放包容的政策和环境培育集聚与产业发展战略相适应的人群，不仅要引进和培育各类高端创新人才，还要吸引以非沪籍人口为主的保障城市正常运转的基本公共服务人员，由此使得上海新市民、青年人规模大且群体异质性和住房需求多元化特征尤为显著。例如，新就业毕业生、各类人才预期将来有较高收入，且所从事工作岗位通常具有更好的福利待遇，更加倾向于将来通过市场化渠道购买住房，保障性租赁住房是其解决阶段性住房困难、积累购房资金的重要保障。非沪籍务工人员多数分布在现代服务业等劳动密集型行业中，预期未来收入较低，社保和住房公积金较低甚至未覆盖到部分人群，保障性租赁住房可满足其长期稳定的居住需求，使其更加安心就业创新，并催生新的消费需要与能力。因此，既要保障符合条件的新市民、青年人，又要细化并识别不同群体的异质性、住房需求和消费能力差异，针对不同人群需求特点建立多层次的保障性租赁住房分类供给体系，增加了保障性租赁住房政策优化完善的难度。

三、保障性租赁住房发展特征对加强各环节政策衔接带来挑战

由于保障性租赁住房发展新特征展现在规划、建设、管理、服务全生命周期中，以往相关部门和市场主体基于特定视角，习惯于以相互割裂、缺乏整体性和一体化的思路去理解和处理住房发展中存在的问题，使得规划、建设、管理、服务各环节衔接配合上还存在薄弱环节，政府部门与多元化建设

运营主体的联动机制仍待健全。例如，从规划与建设环节衔接来看，土地供应环节对非居住用地建设保障性租赁住房的推动作用不强，原企事业单位自有闲置的非居住划拨用地调整为 Rr4 用地的操作路径尚未完全走顺。从建设与使用环节衔接来看，相关保障性租赁住房设计标准和规范仍需进一步匹配供应对象的实际需求。从管理服务环节来看，虽然企业主体运营管理方式基本形成，但纳入社区范畴的综合治理模式尚需进一步探索，属地派出机构与运营单位协同合作、功能互补的运行机制有待落实，需进一步加强运营方、业主方、单位方、社区方、租户等多元主体间联动协同。

第二节 规划建设环节面临的挑战

一、资源紧约束和市场主体积极性不高对房源筹措规模持续扩大带来挑战

虽然保障性租赁住房在租赁住房总量中的占比将明显上升，但房源筹措目标任务的推进落实仍存在一定难度。就国有土地集中新建保障性租赁住房来看，由于上海土地资源紧约束和政府对"土地财政"的依赖，区级层面在新增供应 Rr4 地块和存量用地免交土地出让金转型为 Rr4 地块新建保障性租赁住房的积极性不高，特别是租赁需求旺盛的中心城区以新增供应 Rr4 用地建设保障性租赁住房的模式不可持续，且利用企事业单位自有闲置土地、产业园区类项目配建和集体经营性建设用地三种方式建设筹措进度较慢。就集体经营性建设用地建设保障性租赁住房来看，上海集体经营性建设用地总量偏低，分区域进行地块整理时，可用于建设保障性租赁住房的地块规模较小，且由于集体经济组织自建能力不足、周边租赁需求相对较少，集体经济组织缺乏将土地开发建设用作保障性租赁住房的积极性。

就非居改建房屋来看，一方面，存在市场主体参与积极性不足的问题，

主要原因在于改建类项目中增效、增值、增益等相关机制尚不明确，且项目可能存在规划报建、企业办理工商注册等基础资料缺失或瑕疵使得纳保难度较高，难以吸引存量房源单位或业主的积极参与。另一方面，存在安全规范审查与推进项目认定较难激励相容的问题，在消防审查和验收环节改建类项目消防设计施工方案较难通过，而符合要求的改建难度大、成本高，使得改建类项目合规纳管为保障性租赁住房的进程相对缓慢。因此，在坚持安全、规范运行的前提下，如何提高市场主体积极性、加大改建类项目纳保力度，仍是上海保障性租赁住房房源筹措方面存在的瓶颈。

二、保障性租赁住房经济功能较弱对项目选址带来挑战

以往经验表明在区域内多主体参与建设开发的过程中，由于土地等资源紧约束，且保障房经济功能较弱，保障房在空间布局上仍面临一定程度的"邻避"现象，使得保障房项目选址上可能受到一定程度的排挤，项目一般只能向主城区以外区域布局，出现选址与需求错位（谭荣，2021）。虽然上海坚持落实空间格局优化战略，要求将保障性租赁住房用地、房源向新城、产业园区、轨道交通站点周边和人口导入区域布局，但是符合上述要求的用地可建规模相对不足且落实难度较大，而郊区可用于建设一定规模保障性租赁住房的用地却存在配套基础公共服务设施不够完善、远离就业集中区域等空间适配性不足的问题。如何协调保障性租赁住房发展和本地区的生产力布局优化、产业升级改造、解决中心城区住房供需矛盾突出问题，成为上海保障性租赁住房发展的难题之一。

三、项目成本具有的特殊性对金融产品创新带来挑战

上海租赁住房发展普遍存在初期投入高、回报率偏低、回报周期长、资产整体流动性差等问题。调研上海保障性租赁住房相关投资建设企业发现目前的开发贷、住房租赁专项公司债券等金融产品的融资期限均小于保障性租

赁住房项目的回本周期，特别是重资产保障性租赁住房项目缺乏相匹配的长周期、低利率融资产品。就银行贷款来看，目前保障性租赁住房贷款主要以开发贷、固定资产贷款、装修贷、流动资金贷款等类别为主，其贷款周期和融资成本无法完全与保障性租赁住房属性相匹配。同时，贷款主要支持重资产项目，非居改建等项目难以获得贷款支持。就权益性融资来看，保障性租赁住房项目仍处在起步发展阶段，较难满足金融机构对经营指标的要求，尚缺少与保障性租赁住房发展逻辑匹配的融资渠道。虽然上海通过保障性租赁住房REITs加大融资支持力度，但保障性租赁住房REITs仍缺乏关于土地分宗、产权与股权独立等相关政策指引，陈杰（2022）指出，保障性租赁住房融资过程中，底层资产的可交易性和相关政策指导都还不太清晰，如何交易与转让还缺乏清晰的政策界定与规范。

四、保障性租赁住房具有的保障属性对融资模式创新带来挑战

如果没有畅通的资金退出渠道，保障性租赁住房开发主体的前期投入资金将形成长期占用，无法形成滚动开发、扩大规模的良性循环。国外住房租赁领域权益性融资表明，投资主体更多追求利益和资金的安全性，资金能否安全退出成为决定其投资意愿的关键因素之一，多数国家将底层资产抵押价值等作为提振投资主体信心的方式之一。例如，英国通过确保投资主体对社会租赁住房资产具有优先求偿权，使得投资主体获得的房源抵押价值远高于贷款价值，提高了社会租赁住房项目对市场资本的吸引力。然而，在保障性租赁住房发展形成"投—融—建—管—退"闭环、为参与保障性租赁住房发展的投资主体提供权益保护的同时，如何使房源持续发挥保障作用，避免非租赁住房等房地产开发项目变相融资或变相规避房地产调控，成为上海乃至全国创新保障性租赁住房融资方式、吸引社会资本参与建设运营需要破解的难题之一。

第三节　管理服务环节面临的挑战

一、保障性租赁住房租金定价的特点对平衡"租户可负担"和"企业可持续"带来挑战

"租户可负担"是指新市民、青年人的租金支出与其收入水平和支付能力相匹配，为满足租住需要的支出不会影响新市民、青年人其他基本生活的开支。"企业可持续"是指在充分、合理、节约、高效利用房屋、土地、资金等住房相关资源的前提下，相关企业可持续筹措和运营与新市民、青年人的规模和结构变化相适应的保障性租赁住房项目。然而，调研发现，虽然保障性租赁住房发展可享受免缴城市基础配套费、开发贷利率打折等融资、税费方面的优惠，但保障性租赁住房发展仍普遍面临着土地成本高、融资成本高、税率高的难题。同时，《实施意见》要求"本市面向社会供应的保障性租赁住房，租赁价格应当在同地段同品质市场租赁住房租金的九折以下"，且要求租金年增幅不高于5%、不高于同地段同品质同期监测市场租金增幅，使得保障性租赁住房前期投入大、投资收益率低、回收期长的特点更为凸显。因此，推动住房保障供给主体从政府为主向政府、企业和社会力量共同参与转变的过程中，在确保保障性租赁住房租金是"租户可负担"的同时，如何解决企业资金平衡的顾虑，让各类市场主体在保障性租赁住房市场中获取恰当的回报使得"企业可持续"发展，成为保障性租赁住房发展需要破解的关键问题。

二、保障性租赁住房稳定租期的特点对房源循环使用带来挑战

通过发展具有稳定租赁关系和稳定居住环境的保障性租赁住房，不仅有利于建立租购并举的住房制度，也有利于为新市民、青年人在城市安居乐业提供基本居住保障，有力促进新型城镇化更高质量发展。然而，在阶段性房

源有限的情况下，既要确保新市民、青年人能够长期租住保障性租赁住房，又要尽可能保障随着城镇化进程加快而日益增加的新市民、青年人的租住需求，必须通过完善制度设计来提高保障性租赁住房房源周转率，及时腾退因购房、离开上海等不再符合准入条件的承租人，实现房源周转循环使用，也成为保障性租赁住房出租运营管理的一大难题。

三、保障性租赁住房租户的特殊性对构建社区治理体系带来挑战

保障性租赁住房入住群体在满足基本居住需求的同时，还存在办理居住／落户证明、子女入学等需求，在解决符合条件新市民、青年人住房困难问题的同时，也肩负着提高新市民、青年人居住生活满意度的重要使命，从而为城市高质量发展提供人力支撑。然而，这一入住群体相对具有较高的人员流动性，为如何统筹保障性租赁住房管理服务涉及的业主方、运营方、租户、街镇或管委会等多元化主体，如何构建多方共治、精细化、智能化的保障性租赁住房社区治理体系，将保障性租赁住房运营管理纳入社区综合治理等方面提出了严峻的挑战。

（撰稿人：王逸邈，李钱斐）

第八章　国内外经验借鉴

第一节　国外相关经验

国外住房发展模式中并不存在保障性租赁住房这一品种，其对标概念为租赁型公共住房（Public Housing）或社会住房（Social Housing），因此，本节主要梳理这两类住房的相关研究情况（本节统称为租赁型保障房）。公共住房（又称公营住宅、公营房屋、公营屋邨），一般指由政府兴建与营运的住宅，通常是公寓形态，以低于市场的金额出租或出售给民众，尤其是低收入居民。社会住房一般指由政府、非营利组织或两者共同拥有和管理的、旨在提供可负担住房的租赁住房。此外，从政策的地域背景来看，社会住房一般应用于欧洲国家，公共住房一般应用于美国、日本等国家。

一、鼓励和支持各类主体参与建设运营

从伦敦、巴黎、东京的经验来看，引入市场机制建设运营租赁型保障房，可以减轻财政压力，有利于租赁型保障房的可持续发展。例如，英国在经历了从大规模建设政府所有的社会住房到经济危机时期政府无法继续负担社会住房后，开始引入市场机制介入社会住房，伦敦政府可以与房地产开发商谈判，以规划批准为条件，争取让开发商提供部分的可负担住房。巴黎社会住房的投资建设主体主要包括两类：由地方当局代表担任主席的公共机构（公共办公室）；社会住房公司（SAHLM，有限责任公司），以及被称为"企业家社会家园"的私人非营利性组织（ESH）。东京的公营住宅则由中央政

府给予补贴，地方公共团体直接建设和管理。

二、基于不同区域住房市场发展情况实行差异化供应机制

根据不同群体的收入、住房困难，以及不同区域住房市场发展情况，建立多层次租赁型保障房品种，能够有效缓解城市内区域住房发展不平衡、供需空间不匹配等问题。例如，巴黎针对不同群体的收入状况、住房状况，以及所在地区的房地产市场发展情况，把社会住房分为三个品种：一是面向低收入群体的PLAI，主要面向有经济和社会困难问题的家庭提供，租金最低；二是标准社会住宅PLUS，主要面向租金负担较重的群体提供；三是高收入社会住宅PLS，主要面向住房供应短缺、房地产市场相对紧张地区的中等收入家庭供应。

三、建立综合考虑多种因素的差异化租金定价制度

区别于我国目前多数超大城市采用的与市场化租赁住房价格简单挂钩的公租房或保障性租赁住房定价方式，根据《公营住宅法实施条例》规定，东京公营住宅房公营住宅的房租定价根据房型、地段、环境和申报收入不同而有所差异，由以下公式计算：房租＝房租基准价×房租调整系数。其中，房租调整系数＝城市区位系数×房屋面积系数×房屋使用年限系数×居住便利性系数；房租基准价根据家庭收入状况确定[①]。这一定价方式综合考虑了承租人的家庭收入、住宅所在区域、住宅的新旧程度等因素，可以针对不同收入承租者所收取差异化的租金，不仅有利于公营住宅的可持续发展，也便于对家庭收入超过公营住宅入住标准的入住对象，通过逐渐增加租金的方式促使其退出，进而强化公营住宅制度的公平性。

---

① 国营住宅法施行令：昭和二十六年政令第二百四十号［EB/OL］.（2021-04-01）[2023-11-03].
https://elaws.e-gov.go.jp/document?lawid=326CO0000000240_20210401_503CO0000000137&keyword=%E5%85%AC%E5%96%B6%E4%BD%8F%E5%AE%85.

四、注重居住品质的提升

在经历了大规模兴建租赁型保障房后,很多国外城市开始关注如何提升居住品质。从20世纪80年代开始,东京的住宅公团制度聚焦提高居住水平,具体体现在增大住宅面积、优化户型功能等方面,其建设和改造注重标准化设计、工业化生产、推动生产技术的集成应用,例如规定新建租赁公营住宅采用可变住宅体系(Kodan-Skeleton-Infill)等。20世纪80年代后期,随着新加坡超过85%的人口住在政府组屋以及住房供应体系日益完善,新加坡也开始将发展重点更多地放在为居民提供高质量的生活环境上,从多方面改善居民生活环境,提高生活质量和社区关怀,如制定"组屋更新计划",以系统化的方式重新改造发展屋龄较久的市镇或社区邻里;制定"邻里重建计划",推行邻里概念,促进居民对邻里的归属感和人际交往;鼓励居民积极参与社区的公共论坛,增强社区凝聚力等。20世纪90年代后期,政府还为较旧的市镇提供"组屋更新计划",包括:主要翻新计划、电梯翻新计划、选择性整体重建计划等。

五、探索与产权型保障房有机转化

在特定区位探索与产权型保障房的有机转化,有利于稳定企业员工队伍,加速实现产城融合。伦敦政府在无法继续负担社会住房后,开始探索"先租后售"模式,《1980年住房法》规定:凡租住社会住房的住户有权优先、优惠购买其所住的社会住房,居住期越长,折价越多,即"优先购买权"政策,直至到房价70%的上限。此外,政府将持有的社会住房大规模出售给普通居民和其他私营机构,鼓励独立、非营利性质的住房协会购买社会住房,还允许租户通过自愿投票等方式将其居住的社会住房整体转移给住房协会。

第二节　国内相关经验

我国自 2021 年从国家层面明确住房保障体系顶层设计以来，各地加快发展保障性租赁住房，在房源筹措、运行机制和配套政策等方面都取得了积极进展，形成了有益的经验做法。

一、探索多元化的房源筹集渠道

（一）利用集体经营性建设用地建设保障性租赁住房

集体经营性建设用地的利用方式包括土地使用权作价入股合作经营、限地价公开出让和村集体自筹资金建设保障性租赁住房三种。

其中，土地使用权作价入股合作经营是指村集体以土地使用权作价入股，由社会资本负责所有建设成本和经营成本，并获得项目建成后一定年限的经营权和收益权，村集体组织获取收益分红；或由村集体和社会资本合作建设，协商比例持有项目地上地下建筑物使用权。如北京市成寿寺项目由村集体经济组织和万科成立合资公司作为项目运营主体，万科负责所有建设成本投入并获得项目建成后 45 年的经营权及收益权，村集体经济组织每年获取保底收益及超额分红。广州市长腰岭项目由长腰岭村第四经济合作社和广州城投白云置业投资有限公司合作建设，白云置业获得 70% 的地上及地下建筑物 40 年的使用权，剩余 30% 无偿交给长腰岭村[①]。

限地价公开出让集体土地指村集体采用最高限价制度通过招标方式出让集体土地，土地出让收入可用于回购出让土地上建设的保障性租赁住房及配套商业等。村集体和竞得人分割办理各自权属登记，村集体按持有的房屋产权比例取得经营收益。如福州市秀山村项目就是通过该种方式筹集保障性租

---

① 中华人民共和国住房和城乡建设部. 发展保障性租赁住房 复制可推广经验清单（第二批）[EB/OL]. （2022-02-07）[2023-11-03]. https://www.mohurd.gov.cn/xinwen/gzdt/202202/20220207_764422.html.

赁住房。

村集体自筹资金建设保障性租赁住房指村集体利用集体土地或集体预留发展用地，通过自筹资金开发建设保障性租赁住房，项目建成后委托或整体出租给专业机构运营管理。如厦门市枋湖社区利用农村集体预留发展用地自筹资金建设租赁住房、写字楼、商场等，并通过公开竞标方式整体委托给龙湖冠寓经营管理。

（二）利用存量用地新建保障性租赁住房

利用存量用地新建主要是指利用企事业单位自有闲置土地或产业园区配套建设用地新建保障性租赁住房。企事业单位存量用地为非居住用地的，土地性质变更或不变更，均不补缴土地价款。如，厦门支持万科利用其持有的闲置物流仓储用地建设保障性租赁住房，由市自然资源和规划局审议通过后变更土地用途，不补缴土地价款，以满足周边园区和机场北片区企业职工的租住需求。福州市外语外贸学院利用学校自有存量土地建设保障性租赁住房，土地性质不变，不补缴土地价款，面向学校本部和附属幼儿园教职工供应。同时，各地为支持利用产业园区配套建设用地建设保障性租赁住房，纷纷将产业园区中配套用地面积占比上限由7%提高到15%，提高部分主要用于建设宿舍型保障性租赁住房。如西安市产业园区允许比亚迪汽车有限公司拆除部分闲置低效厂房，腾出土地建设宿舍型保障性租赁住房，解决上万名职工的居住问题。青岛市西海岸新区海尔工业利用闲置空地、停车场用地等建设宿舍型保障性租赁住房，为应对疫情、推动企业复工复产发挥了积极作用①。

（三）适当利用新供应国有建设用地建设保障性租赁住房

各地通过单列保障性租赁住房用地计划或利用新供应国有建设用地配建一定比例保障性租赁住房，重点在轨道站点、产业园区、商业办公区等周边

---

① 中华人民共和国住房和城乡建设部. 发展保障性租赁住房 复制可推广经验清单（第一批）［EB/OL］.（2021-11-10）［2023-11-03］. https://www.mohurd.gov.cn/xinwen/dfxx/202111/20211110_762895.html.

发展保障性租赁住房。单列用地计划的，通过规定年度保障性租赁住房供地面积不低于住宅用地出让面积一定比例、规定保障性租赁住房用地基准地价、在土地出让合同中约定土地出让价款可以分期收取等方式，支持新建保障性租赁住房。国有建设用地配建的，规定一定比例住房无偿移交政府，或由政府按成本价回购，用作保障性租赁住房。同时，鼓励统筹配建房源面积，集中实施配建，并先于商品住房供地或者同时供地。如，成都市以轨道交通站点为中心，按照一般站点半径 500 米、换乘站点 800 米的标准进行 TOD 混合功能及集约开发，通过招拍挂的方式获取土地资源，优先建设保障性租赁住房，每个 TOD 项目均与地铁等轨道交通互联互通，配备商业、社交、文娱等多种配套服务设施①。

（四）探索将城市更新与保障性租赁住房发展有机结合

为深入挖掘存量房屋资源，各地将商业、办公、旅馆、厂房等非居住存量房屋改建成保障性租赁住房，或将闲置的公租房、安置房、职工宿舍等纳入保障性租赁住房使用管理。个别城市探索将城市更新工作与发展保障性租赁住房有机结合，将"城中村"住房、征收拆迁房屋等提升品质，改造成保障性租赁住房。如成都城投集团与中国电子科技集团公司第十研究所采取 BOT 模式合作，将第十研究所原办公用房改建成保障性租赁住房，优先面向第十研究所职工出租。广州将打造新市民价廉质优的宜居场所和人屋纳管治理、个人企业创业、补足公共服务配套短板和基层社会治理相结合，探索形成"城中村"住房整租运营（未纳入整村全面改造计划的"城中村"）②和城市更新项目配置（整村全面改造的"城中村"）中小户型住房两种保障性租

---

① 中华人民共和国住房和城乡建设部. 发展保障性租赁住房 复制可推广经验清单（第二批）［EB/OL］.（2022-02-07）［2023-11-03］. https://www.mohurd.gov.cn/xinwen/gzdt/202202/20220207_764422.html.

② 广州市人民政府. 广州市住房和城乡建设局关于印发支持专业化规模化住房租赁企业提升"城中村"租赁住房品质指导意见的通知：穗建规字〔2022〕11 号［EB/OL］.（2022-10-20）［2023-11-03］. https://www.gz.gov.cn/gfxwj/sbmgfxwj/gzszfhcxjsj/content/post_8630461.html.

赁住房筹集方式①。

二、持续优化运行机制

（一）提高审批效率，加快项目认定

为提高项目审批效率，各地建立住建、发改、财政、自然资源、税务等部门的联审机制，明确项目认定范围、标准、要件、程序、审批时限等要求。各城市通过明确认定管理责任部门，政府定期组织相关部门审查建设方案，将认定职责落实到各区，由各区建立部门联合审查认定机制等方式，提高审查认定效率，加快项目认定和发放项目认定书。如，青岛市明确区（市）住房和城乡建设部门在收到申请后10个工作日内完成资料审核、实地察看等工作，区（市）政府每月组织相关部门审查建设方案，对利用住宅用地新建或既有住宅装修改造的项目，由区（市）住房和城乡建设部门向符合条件的项目直接出具项目认定书②。郑州市明确由市保障性租赁住房工作领导小组负责项目认定及管理，由区住房保障部门会同本级资源规划、城建等部门在5个工作日内对项目资料完成联合审查，并提出可行性意见③。

（二）坚持小户型、低租金，简化申请流程

贴合新市民、青年人的租住需求，各地发展保障性租赁住房坚持小户型、低租金，并充分利用数字化资源简化入住申请审核流程。从户型来看，明确以70平方米以内的小户型为主，其中宿舍型保障性租赁住房建筑面积一般在20～45平方米之间，个别城市要求新建宿舍型保障性租赁住房不超

---

① 广州市人民政府. 广州城市更新重磅规划通过至2035年推进155平方公里城中村改造［EB/OL］.（2023-10-25）［2023-11-03］. ttp://www.gz.gov.cn/zwfw/zxfw/gysy/content/post_9283070.html.

② 中华人民共和国住房和城乡建设部. 发展保障性租赁住房 复制可推广经验清单（第二批）［EB/OL］.（2022-02-07）［2023-11-03］. https://www.mohurd.gov.cn/xinwen/gzdt/202202/20220207_764422.html.

③ 中华人民共和国住房和城乡建设部. 发展保障性租赁住房 复制可推广经验清单（第三批）［N］. 建设工作简报，2022-06-16（51）.

过40平方米。从租金来看，接受政府指导，租金标准按低于同地段同品质的市场租赁住房评估租金执行，一般按照市场租金的70%～90%执行，不同地区可根据实际提高租金优惠比例，个别城市还对租金进行监测，并规定租金年涨幅不超过5%。如厦门市设立937个租金监测点，加大租赁住房租金价格采集、分析和监测，为落实保障性租赁住房低租金提供参照依据[①]。从申请流程来看，通过大数据分析、自动筛查等功能，实现房源"在线申请、网上签约、当天入住"的租赁新模式。如杭州市蓝领公寓的房源分配就充分利用了数字化改革的成果。

（三）强化建设运营的全过程监管

各地通过加强建设质量管理、实施工作绩效考核、健全住房租赁管理服务平台等手段，强化对保障性租赁住房全生命周期内各环节的监管。加强建设质量监管方面，针对新建房源明确将建设工程纳入质量安全监管范围，加大施工现场巡查力度，同时将质量安全措施费列入工程造价；针对既有建筑改造房源，从建筑防火、灭火救援设施、消防设施、电气水等方面提出了指导意见。如宜昌市对住宅型、公寓型、宿舍型保障性租赁住房分类制定了规划设计及控制性指标、套型空间及标准、室内装修、施工与验收、交付使用标准等，明确了公共区域及套内设施配置标准以及运营管理和设施维护要求。实施工作绩效考核方面，多地将保障性租赁住房年度任务、项目审批流程、出租运营和支持政策等的落实情况，以及相关情况监测评价结果纳入对城市人民政府的绩效考核，或纳入省纪委监委政治监督。个别省份还组织多部门成立监测评价组，对省内各城市发展保障性租赁住房情况开展实地测评。健全住房租赁管理服务平台方面，各地依托现有住房租赁平台，完善政府、金融机构、住房租赁企业、个人等端口，将住房租赁企业、新市民等信

---

① 中华人民共和国住房和城乡建设部. 发展保障性租赁住房 复制可推广经验清单（第二批）［EB/OL］.（2022-02-07）［2023-11-03］. https://www.mohurd.gov.cn/xinwen/gzdt/202202/20220207_764422.html.

息集成大数据库,解决租赁双方信息不对称、供需不匹配和租赁房源结构不合理等问题,实现市场主体等级、保障性租赁住房核验发布、租赁合同网签备案、项目管理全流程监管。如,南京市升级改造现有租赁平台,开发保障性租赁住房管理模块,集合了保障性租赁住房项目认定、联合审批、建设管理、租赁服务、租金监测、信用管理、满意度管理、奖补管理等应用。杭州市搭建智慧住房租赁服务平台,开发保障性租赁住房子平台,建立项目认定"全程网办"、项目管理"全程监管"工作机制[①]。

(四)鼓励专业化规模化住房租赁企业参与建设和运营

专业化、规模化住房租赁企业参与保障性租赁住房的建设和运营,不仅可以减轻政府压力,还能提高管理效率和服务水平。一方面,为发挥国有企业示范作用,各地专门成立国有租赁住房企业发展保障性租赁住房,探索保障性租赁住房投资、建设、运营一体化创新建设路径。如重庆市成立市级国有租赁住房平台公司——渝地辰寓住房租赁有限公司,在轨道站点、商业商务区、产业园区、校区、院区(医院)及周边盘活存量闲置房屋,增加小户型保障性租赁住房供给。另一方面,鼓励民营企业、品牌机构、本地房企等市场主体参与建设和运营保障性租赁住房。如广东省制定优质专业化租赁企业评定标准,建立优质专业化租赁企业库并定期更新,对入库企业在保障性租赁住房项目审批、手续办理等方面开通绿色通道。

三、不断完善配套政策

(一)完善财税支持政策

各地相继加大对发展保障性租赁住房的财税支持力度。财政支持方面,多地从土地出让收益中提取一定比例用作保障性租赁住房建设资金,或从财政资金中安排一部分补助资金专项用于发展保障性租赁住房,并支持利用住

---

① 中华人民共和国住房和城乡建设部. 发展保障性租赁住房 复制可推广经验清单(第三批)[N]. 建设工作简报,2022-06-16(51).

房公积金等现有资金发展保障性租赁住房。例如，广西壮族自治区在政府一般债发行额度中安排资金专项用于保障性租赁住房建设，并按新建类项目 0.5 万元／套、改建类项目 0.35 万元／套的标准补助[①]。苏州市对市辖区和县级市国有企业投资新建的保障性租赁住房项目分别按总投入的 10%、20% 给予财政奖补资金[②]。税收优惠方面，对新建保障性租赁住房项目，免收城市基础设施配套费，并可享受增值税优惠政策。此外，部分城市还建立了住房城乡建设部门与税务部门的涉税信息共享机制，为落实保障性租赁住房税收优惠政策提供了便利。

（二）加大金融支持力度

各地加强与国家开发银行、中国建设银行、中国农业银行等银行金融机构的对接，签订保障性租赁住房战略合作协议，加大保障性租赁住房项目建设、改造、运营等方面的金融支持力度，争取长期低息贷款、基础设施公募 REITs 等多种形式的金融支持。例如，国家开发银行已与四川、安徽、厦门、深圳等地政府部门和重点企业签署合作备忘录或战略合作协议，提供最长可达 25 年的长期信贷产品，支持各类住房租赁企业、拥有闲置土地和房屋的企业通过新建、改建、改造等方式增加保障性租赁住房供给。建设银行加大对各地分行保障性租赁住房贷款的 KPI 考核力度，引导激励各地分行加大保障性租赁住房金融支持力度，同时，优化客户评级和押品管理相关政策，提升保障性租赁住房项目评估的数字化、智能化，对保障性租赁住房相关贷款业务开辟审批绿色通道，实施快速受理、限时办结等差别化的流程安排。

---

① 中华人民共和国住房和城乡建设部. 发展保障性租赁住房 复制可推广经验清单（第三批）［N］. 建设工作简报, 2022-06-16（51）.

② 中华人民共和国住房和城乡建设部. 发展保障性租赁住房 复制可推广经验清单（第二批）［EB/OL］.（2022-02-07）［2023-11-03］. https://www.mohurd.gov.cn/xinwen/gzdt/202202/20220207_764422.html.

第三节　启示

国内外重点区域和城市有关保障房领域的相关经验，为上海保障性租赁住房发展提供了有益借鉴。在全生命周期一体化联动方面，充分利用数字化资源，强化多部门全过程的资源保障和信息联动，建立涵盖建设、管理、服务的全过程监管机制；鼓励多元化主体参与建设和运营。在规划建设环节，探索多元化的房源筹集渠道，除国家明确的五种保障性租赁住房筹集方式，探索将城市更新工作与发展保障性租赁住房有机结合；采用标准化设计和工业化生产等方法改善住房环境，提高居住者的生活质量；简化审批流程，提高审批效率，完善财税支持政策，加大金融支持力度。在管理服务环节，简化申请审核流程，提高入住效率；根据住房市场特点，实施差异化的供应策略，更好平衡城市不同区域的住房发展；在坚持小户型、低租金的前提下，完善差异化租金定价机制，实现租金水平稳定和保障性租赁住房发展可持续；探索保障性租赁住房向产权型住房转化，稳定新市民、青年人劳动力市场，促进产城融合。

（撰稿人：李钱斐，王希冉）

第九章 发展思路与对策建议

第一节 发展思路

坚持"房子是用来住的、不是用来炒的"的定位,深入践行"人民城市人民建,人民城市为人民"重要理念,以解决好超大城市住房突出问题为核心,以有效满足新市民、青年人,尤其是各类人才、城市建设和管理服务一线工作人员等各类保障性租赁住房供应对象的实际需求为导向,以形成"多主体投资、多渠道供给"保障性租赁住房的供应格局为目标,以构建涉及规划、建设、管理、服务各环节的全生命周期一体化联动机制为抓手,把建好、用好、管好保障性租赁住房作为落实城市高质量发展、高品质生活、高效能治理要求的具体实践,科学规划、标准化建设、差异化供应、弹性分配、精细治理,为全面提升上海城市软实力和核心竞争力提供支撑。

第二节 关于规划的对策建议

一、构建稳定的用地供应机制

在各城市之间,建议建立与新市民、青年人迁移规模挂钩的土地指标交易机制和土地指标分配利用机制,特别是将保障性租赁住房用地指标与流入新市民、青年人规模挂钩,确保保障性租赁住房供给规模。在城市中,建议市政府将每年各区的保障性租赁住房房源筹措任务完成情况,与各区土地指标分配、税收缴纳、财政资金预算划拨规模挂钩，激励各级政府积极供应保障性租赁住房用地。

此外，争取试点集体建设用地上建设保障性租赁住房房源规模与土地出让收入用于农业农村比例挂钩机制，提高村集体等相关主体参与的积极性。同时，建议建立镇域范围内的集体建设用地统筹利用与土地指标转移制度（汪毅、何淼，2021），前置开展全域集体建设用地摸底评估，并将区位条件较差的用地指标统一转移到区位条件相对较好的区域集中发展保障性租赁住房。可与产业园、公共服务配套等开发项目整体谋划，以打破现有集体建设用地的规模约束与空间约束，在更大范围内实现用地整合与空间优化。

二、科学规划项目选址方案

一方面，综合考虑区域发展条件，依据"上海2035"城市总规和住房专项规划，基于就业岗位需求导向、供给能力导向和住房租赁市场平稳健康发展导向，结合产业和重点区域发展需要，综合考虑人才引进、城市更新、公共服务发展等因素，以大容量公共交通、生活服务便利区为支撑，研判中心城区、五个新城、南北转型区等重点区域保障性租赁住房需求，科学规划布局保障性租赁住房房源。其中，针对城市建设和管理服务一线工作人员，重点在中心城区租金水平较低区域、郊区城市建设热点且距离轨道交通站点30分钟范围内区域，布局保障性租赁住房项目，针对重点产业人才，主要在内中环和中外环需求集中区域布局保障性租赁住房项目。

另一方面，定期开展住房需求调查，按季度或年度对获取的需求数据进行分析研判，建立保障性租赁住房申请对象需求目录，将申请总人数、需求集中区域、主要需求户型、所需配套服务等内容作为保障性租赁住房规划选址的重要参考依据。从上海保障性租赁住房租住群体需求来看，除基本居住需求外，菜场、医疗和文体设施等配套设施，以及出行交通是重点关注的内容。建议与社区功能完善相结合,在"15分钟生活圈+15分钟通勤圈"的逻辑下引导保障性租赁住房规划建设。

三、合理安排房源供应规模和节奏

平衡好重点供应与面上供应的关系。衔接好房源建设筹措周期与租赁人群需求变化情况,对不同区域、不同项目采取差异化供需匹配策略,引导各区根据重点保障对象制定差异化优先供应政策。同时,根据人口规模和产业支撑、设施配套、环境改善,以及新城、新市镇保障性租赁住房需求水平,合理把握保障性租赁住房的供应时序,促进保障性租赁住房与其他住房保障品种、商品房等有序衔接。

明确不同区域的差异化房源供应模式。建议在供需矛盾突出的中心城区,重点通过盘活存量等方式供给房源。深化城市更新,加快产业转型和空间调整,支持低效存量建筑再利用和存量用地转型供应保障性租赁住房。同时,借鉴美国、法国等保障类租赁住房规划经验,将项目是否位于租金相对收入偏高的"困难开发区"作为提供财税、土地优惠的前提条件之一。在五个新城、临港新片区、长三角一体化示范区等重点地区引导保障性租赁住房规划供应与就业增长相匹配。充分发挥产业园区、企事业单位作为务工人员住房供给主体的作用,特别要鼓励职工规模较大的医院、企业等积极开发存量土地自建宿舍,加快产业园区宿舍型保障性租赁住房房源供应,推动产业园区向产业社区转型升级。同时,依托"新城发力、两翼齐飞、南北转型"战略,在五个新城、临港新片区、长三角一体化示范区等重点地区建设公共服务设施完备、职住适度混合的住区,优化保障性租赁住房在新增住房供应中的占比。

四、优化项目开发模式

一方面,强化TOD开发模式,加大距离轨交站点600米(步行10~15

分钟）范围内的保障性租赁住房用地供应，并支持开发主体结合地铁上盖开发。鼓励结合公共活动中心（中央活动区、副中心）、商务区和商务中心、产业园区等规划建设保障性租赁住房，促进房源与医院、学校、卖场、菜场、公园等设施体系相协调。另一方面，将保障性租赁住房项目和城市基础设施进行一体化开发和利用，通过城市基础设施的投入改善居民居住品质，从而带动保障性租赁住房项目可持续发展。基于多规合一、产城融合、职住平衡、三生（生产、生活、生态）融合的开发理念，探索打造政府引导、市场调配、企业主体、商业化运作、规建管营一体化的建设新模式，使保障性租赁住房项目溢出效应最大化。

第三节　关于建设的对策建议

一、优化审核流程和规划设计条件

通过多部门联审合审、行政协商平台等方式缩短审核周期，并探索提高立项审核与认定工作的并行衔接效率。建议在新建保障性租赁住房立项、发放交付许可证、产证等环节，建立区别于商品住宅项目的更符合保障性租赁住房建设特征的政策要求和流程。制定改建项目报审操作指引或细则。健全在建、建成未运营、已运营等租赁项目认定为保障性租赁住房的切换、衔接措施。此外，优化、简化民用水电费申请机制，与保障性租赁住房认定流程挂钩，实现"一纳保、即享用"。

优化规划建设要求。适当放宽新建与改建类项目的建筑容积率、建筑高度等，或实行容积率异地转移补偿。弱化公共服务设施的千人指标约束，完善符合实际需求的车位配比、公建配套等配置。机动车停车位最低可按 0.15 辆/套配置，非机动车位鼓励配置充电设施和共享使用。在常规便民服务设施配套的基础上，鼓励增配社区食堂、洗衣房、教育培训、运动场地等公服设施，尤其是入住对象以一线工作人员为主的项目，还要重点增设卫生站、药店等医卫设施，以及图书室、法律服务咨询站等。同时，鼓励对地下空间进行开发利用，对保障性租赁住房新增容积率与建筑空间不再增收土地价款，从而适当提高项目建设附加收益。此外，为支持非居存量改建，建议房管、规资联合消防等部门针对非居改建项目制定专项的消防、采光等改建标准规范。

二、完善产品设计和建设标准

优化产品设计。将需求调查情况作为项目户型设计的依据之一，细化目标客群，根据不同层次保障对象的需求和消费能力，设计不同套型、功能设置和品质的多样化产品。建立从"一张床""一间房"到"一套房"的多层次供应结构，住宅型项目最小套内建筑面积可控制到22平方米、宿舍型项目最低人均使用面积放宽至3.5平方米。面向一线工作人员，重点提供拆套合租等宿舍型房源，满足其"一张床"需求。其他保障性租赁住房以套、间房型为主，优先供应中低收入的新市民、青年人，特别是面向重点产业人才提供两室户，满足其整租需求。

提高建筑设计标准。完善保障性租赁住房相关建设和装修标准，确保施工质量与房屋安全。此外，提高生活物品配备、卫生设施等关系居住舒适便利的标准，细化公共空间、休闲娱乐设施等的人均使用面积，以及盥洗水温、垃圾桶容量等方面的量化标准，为入住群体提供更优质的居住环境。

三、畅通企业融资渠道

鼓励保险机构、各类产业基金、上市公司资金及其他社会资金参与保障性租赁住房项目建设与运营。首先，探索租赁用地可单独进行融资的支持政策，研究制定土地分宗、产权与股权独立等实施细则，允许综合开发项目产权拆分，支持租赁住房与其他业态分割证照，破解综合开发项目融资困境。其次，完善保障性租赁住房 REITs 政策指引，发布申报 REITs 的前置条件，重点关注保障性租赁住房项目评估的价值基础、所得税以及折现率等方面难点，引导政府部门、市场主体、高校院所、金融机构、评估公司合作探索建立科学的投资测算模型，建立完整的项目价值评估体系。此外，在现行公积金条例的基础上，向国家争取住房公积金低息贷款支持保障性租赁住房建设。

通过提高保障性租赁住房整体贷款规模、成立住房租赁行业基金、保障性租赁住房项目负债不计入国企负债比率考核指标等措施有效降低融资成本。提高贷款规模方面，向国家争取人民银行实施再贷款等专项货币政策工具，针对保障性租赁住房不同房源筹措渠道开发差异性贷款支持产品，并建议财政对符合规定的保障性租赁住房建设项目提供贷款贴息补助。成立住房租赁行业基金方面，研究以住房租赁基金参与不动产资产管理，盘活存量资源增加保障性租赁住房房源供给，缓解房地产行业短期流动性危机。国有企业绩效考核方面，为保障性租赁住房资产设立独立的考核指标，保障性租赁住房项目的负债不计入企业负债比率考核指标。

保障投入资金安全稳定退出。建议借鉴美国 REITs 模式，将保障性租赁住房的租金收入等现金流证券化，进而从资本市场获得融资，实现前期投资的退出。之后，使用退出所获融资继续进行新增项目投资，扩大业务规模，产生规模效应；再通过不断积累的运营经验对项目进行精细化运营管理，以此增加现金流。也可以借鉴英国确保投资主体对社会租赁住房资产具有优先求偿权，在保障性租赁住房投资资金中给予私人资本第一求偿权，同时，在保障性租赁住房运营陷入财务困境时，政府或相关部门能够提供资金援助，以此保证私人资本的有效退出，从而解除私人资本参与投资的风险顾虑。

四、强化土地、税费等配套支持政策

土地政策方面，为降低企业土地出让环节成本，进一步细化土地价款收取方式，延长保障性租赁住房项目土地出让金分期缴纳期限，降低建设期资金集中度。同时，建议出台关于以国有土地使用权租赁方式获取保障性租赁住房用地的实施细则，以及出台非居住用地改建供应保障性租赁住房的操作细则。税费优惠方面，促进面向企业租户、个人租户实行一致的房产税、增值税优惠政策。同时，强化不同渠道、不同环节的相关费用减免。就利用 Rr4 用地新建项目而言，对单一业主持有的房源，探索实行质量保险费、物业维修资金等缓缴、后续整体退出时一次性补齐的优惠政策。针对非居改建保障性租赁住房，对改造项目给予加速折旧税收优惠支持。同时，研究不同筹措渠道、不同状态认定为保障性租赁住房项目统一落实城市基础配套费返还优惠政策。

第四节 关于管理的对策建议

一、房源分配兼顾精准性和公平性

上海房源分配方式主要分为面向全域供应和面向房源供给主体相关的单位、职工定向供应。一方面，搭建市区人才办、房管部门、重点企业和出租主体沟通协商机制，强化需求和可供应房源精准对接，科学确定具体项目定向配租给人才的房源预留比例和周期。同时，充分利用高校平台，持续开展"保障性租赁住房进校园"活动，在高校集中和就业岗位集中区域，借鉴北京解决应届毕业生安居难题的经验，推动在沪大学生毕业前先登记、毕业后即入住的保障性租赁住房配租模式。另一方面，设立统一的房源分配和使用审查机构，参考登记的需求信息为申请人分配适宜的房源。同时，强化对房源的监督管理，对每年房源分配数量、分配是否公开透明等情况进行重点监测，定期对分配房源的使用情况进行监督检查，对保障家庭的收入、工作等情况进行定期审查。制定清晰的退出认定条件与退出流程，对保障对象违法违规使用房源等违规使用处置予以明确。

二、确保合理的租金水平

一方面，租金合理定价。上海保障性租赁住房采用基于市场化租金定价，规定租金不超过市场租金的九折，租金年增幅不超过5%，且当租约结束或是租户发生变化时，租金标准需重新进行评估。可以借鉴荷兰等国家采用的仅明确租金上限和日本将公营住宅租金与家庭收入水平挂钩等方法。建议政府根据租住时间、保障对象收入水平变化等情况设定保障性租赁住房阶梯型最高租金限制，建设运营主体可根据实际情况在限定范围内确定租金。租金水平可随保障对象经济状况改善而上涨，当家庭收入超过保障性租赁住房入住标准时，可通过逐渐增加租金的方式使其退出。以此提高保障性租赁住房的可负担性，吸引不同层次、符合条件、收入相对较低且住房困难的新市民、青年人入住，同时鼓励高收入租户主动退租。

另一方面，科学管理租金。加强保障性租赁住房项目所在板块监测，完善保障性租赁住房定价、调价和租金涨幅预警机制，引导保障性租赁住房在其板块住房租赁市场逐步发挥稳定器、压舱石作用。同时，针对出租单位依据不强制、租户自愿原则提供的增值服务，建议相关部门提供相应的操作指引，明确出租单位可提供的增值服务和服务对应费用收取标准。

三、促进项目可持续运营

一方面，创新运营模式，减轻项目运营成本压力。鼓励保障性租赁住房项目引入更多商业合作模式，做好运营期的价值提升和长期反哺。支持将BOT（建设—运营—移交）合作模式应用于保障性租赁住房项目。此外，建立保障性租赁住房与长租房对接机制。在空置期较长、空置率较高的保障性租赁住房项目中，在优先确保符合保障条件的申请人享有租赁权并获得租房折扣的同时，为剩余房源开辟市场租赁通道。另一方面，选择收益相对较高的项目予以支持。对项目的经济社会效益进行预评价，对项目资金回笼、租金定价方案进行评估，选择资助评估较好的项目，从而促进优质主体、优质项目的可持续建设运营。此外，建议研究与住宅小区相同的免缴垃圾清运费措施，减轻出租单位的运营管理资金压力。

四、提升精细化治理水平

探索建立差异化的社区治理形态。针对不同类型保障性租赁住房，结合保障性租赁住房规模、结构、租期等特点，明确不同房源的治理机制。同时，搭建基层民主协商平台，在社区党组织的领导下，充分发挥社区组织、业主、运营企业、租户、物业等各方治理力量，强化保障性租赁住房社区治理与人才工作、人口管理、营商环境、城市更新等工作联动，应急态与平常态联动，强化属地化牵头管理部门与出租单位功能互补合作，形成党建引领下的多方"共谋、共建、共管、共评、共享"治理格局。

提升社区治理智能化水平。利用数字化、地理信息系统等技术，将房源规划、建设、分配供给进度、供后使用对象等情况依托房源位置信息嵌入城市地图，探索建立"类型—地址—小区—套／间数"保障性租赁住房基础数据库，完善数据整合、入库规则、数据共享等标准体系，引导企业及时反馈房源空置、使用情况，使房源信息更加公开透明，形成全市保障性租赁住房房源、准入、退出全面统一信息化管理的机制，推进供需两端高效匹配。

第五节 关于服务的对策建议

一、完善配套资源

推进住房配套资源均等化，促进保障性租赁住房供应对象在享受公共服务上具有和产权住房业主同等的权利，进一步完善教育、医疗、文娱相关配套设施，推动居住人口较为密集的房源区域由单一提供居住功能逐步向功能完善的宜居型社区转变，并探索打造具有综合服务性质的服务社区。尤其是要强化对长期租赁的保障性租赁住房供应对象的教育、医疗等配套设施支持，适当优化学位配比认定方式和供应方式。此外，加大住房公积金政策保障力度，考虑进一步为新市民、青年人提供保障性租赁住房场景下更多元的公积金使用途径。

二、健全服务内容

针对入住群体需求，创新服务内容。如提高社区安全服务水平，加强社区治安管理，健全社区突发事件快速响应防控机制，为入住群体提供舒适安全的居住环境。根据新市民、青年人交往需求较强、生活技能普遍欠缺等特点，积极组织公益志愿、兴趣小组与健身类等活动，并提供家政上门、社区团购等服务。关注新市民、青年人心理健康和成长需要，提供就业信息、技能培训、心理健康咨询等服务，同时，培养入住群体的归属感和责任感，借鉴香港青年宿舍管理服务经验，对每月按一定时间参与社区服务工作的入住对象，给予一定的租金优惠奖励，为新市民、青年人在上海长期稳定发展创造条件。

三、加快数字化转型

一方面，强化对保障对象的线上管理服务。新市民、青年人对公益性租房信息平台有较迫切的需求，建议加快完善面向保障对象的房源发布、查询、申请、审核、签约全程网上办理功能，并将入住后房源维护、社交社群、退租、续租、缴费等各服务环节集成到住房租赁服务平台中。强化运营服务企业内部管理信息平台与市级信息平台的精准对接、信息同步，强化保障性租赁住房供后管理信息精准、动态匹配。搭建智慧社区综合治理平台，通过脸部识别出入小区、网格巡查等多种手段为有效防范杜绝转租转借和以租代售等问题提供技术支撑。

另一方面,依托平台实现申请对象线上需求调查、使用对象满意度评价等收集功能,进而建立本市保障性租赁住房对象的需求动态识别与收集机制,以及全过程满意度调查制度。调查内容不仅包括对准入条件、申请流程、分配机制、管理制度等宏观政策的满意度和重要性评价,还包括对保障性租赁住房区位、户型、物业服务、配套设施等居住情况的评价。在获取动态数据的基础上,促进保障性租赁住房全生命周期政策制度动态优化。

(撰稿人:李钱斐)

附件一 新市民、青年人住房需求调查问卷

尊敬的女士／先生：

本问卷旨在了解新市民、青年人的居住现状、居住需求以及对相关住房政策的满意程度，为进一步优化完善相关政策提供有价值的意见。本问卷所获信息仅作科研之用，希望您能够客观真实地填写问卷。

A 基 本 信 息

a1 性别	① 男 ② 女
a2 您的年龄（周岁）	填写整数，值域 16～65 岁
a3 您在本市是否就业（包括灵活就业）（选②结束问卷）	① 是 ② 否
a4 您当前的就业类型	① 国家机关和事业单位 ② 国有企业 ③ 城镇集体企业 ④ 外商投资企业 ⑤ 城镇私营企业及其他城镇企业 ⑥ 民办非企业单位和社会团体 ⑦ 灵活就业人员（个体工商户和自由职业者） ⑧ 其他（请填写）
a5 个人的平均月收入（税后）	① 3500 元以下 ② 3500～5000 元 ③ 5000～6500 元 ④ 6500～8000 元 ⑤ 8000～10000 元 ⑥ 10000 元以上
a6 您的户籍所在地	① 非沪籍 ② 沪籍
a6-1 您已连续在上海缴交社保多少年（a8 选①的填写）	① 3 年及以下 ② 3～5 年 ③ 5～7 年 ④ 7 年以上
a6-2 您已落户上海多少年（a8 选②的填写）	① 3 年及以下 ② 3～5 年 ③ 5 年以上
a7 您的学历	① 高中／中专／职高技校及以下 ② 大专 ③ 本科 ④ 硕士 ⑤ 博士
a8 您的婚育状况	① 已婚已育 ② 已婚未育 ③ 单身（包括未婚或离异）
a9 您是否符合市或单位所在区的人才标准	① 是 ② 否 ③ 不清楚
a10 您是否缴存了住房公积金	① 是 ② 否
a11 您的工作所在区域	① 黄浦 ② 徐汇 ③ 长宁 ④ 静安 ⑤ 普陀 ⑥ 虹口 ⑦ 杨浦 ⑧ 闵行 ⑨ 宝山 ⑩ 嘉定 ⑪ 浦东新区 ⑫ 金山 ⑬ 松江 ⑭ 青浦 ⑮ 奉贤 ⑯ 崇明 ⑰ 不确定

B 居住现状

b1 您家在本市住房的主要解决方式		① 自有住房　② 租赁住房（有偿租住） ③ 其他（如单位无偿提供住房、无偿借住亲友住房等）
自有住房（b1题中选①自有房的回答）	b2 您家在本市住房来源是	① 市场上购房　② 自建住房　③ 拆迁/征收安置房 ④ 共有产权保障住房　⑤ 单位福利分房　⑥ 其他
	b3 您家现居住的住房是否贷过款	① 无房贷或一次性付清　② 有房贷，但已还完 ③ 有房贷，还未还完
	b3.1【b3选②③的作答】您家购买这套住房采用的是哪种类型的贷款	① 公积金贷款　② 商业贷款　③ 组合贷款　④ 其他
	b3.1.1【b3.1选①③的作答】其中，公积金贷款大概在哪个范围	① 5万以下　② 5万~20万　③ 20万~50万 ④ 50万~100万　⑤ 100万~120万
	b3.2【b3选②③的作答】贷款期限是多长（单位：年）	（填写整数，值域 [1, 30]）
	b4 每月房贷支出占家庭月平均税后收入的比例（b3题中选③的回答）	① 15%以下　② 15%~30%　③ 30%~45% ④ 45%~60%　⑤ 60%~75%　⑥ 75%及以上
	b5 您对居住现状是否满意	① 非常满意　② 满意　③ 一般　④ 不满意 ⑤ 非常不满意
	b6 您的住房痛点是（b5选③④⑤的填写）（多选，最多选三项）	① 房贷过高　② 房屋维修、装修难　③ 加装电梯等居住环境改善难度　④ 物业管理、社区治理水平低　⑤ 业主与开发商、物业服务企业沟通难　⑥ 其他，请说明____
租房（b1题中选②租赁住房的回答）	b7 您的住房来源是	① 市场化租赁住房　② 保障类租赁住房（廉租房、公租房、保障性租赁住房等）　③ 宅基地建房、农民集资建房　④ 单位宿舍　⑤ 其他，请说明____
	b8 每月租金支出占家庭月平均税后收入的比例	① 15%以下　② 15%~30%　③ 30%~45% ④ 45%~60%　⑤ 60%~75%　⑥ 75%以上
	b9 您是否使用住房公积金支付租金	① 不是　② 是，住房公积金占房租比例为____%
	b10 您对居住现状是否满意	① 非常满意　② 满意　③ 一般　④ 不满意 ⑤ 非常不满意
	b11 您的租房痛点是（b10选③④⑤的填写）（多选，最多选三项）	① 房租过高　② 虚假房源信息多　③ 工作不稳定导致更换住处　④ 租期不稳定　⑤ 租金涨幅大　⑥ 房屋维修、装修等难度大　⑦ 物业管理、社区治理水平低　⑧ 与房东、中介、物业服务企业沟通难　⑨ 其他，请说明____
b12 您现居住住房满足需求的程度？（1~5分，表示从十分不满足－十分满足）		① 1分　② 2分　③ 3分　④ 4分　⑤ 5分
b12-1 现居住住房未充分满足需求的原因（b12中选①②③的填写，最多选三项）		① 住房面积太小　② 户型结构不合理　③ 通勤时间长　④ 房屋质量差　⑤ 社区配套设施不完善（如医疗、教育、菜场、超市、养老设施）　⑥ 社区环境差　⑦ 交通不便利　⑧ 停车难　⑨ 其他，请说明____

C 保障性租赁住房满意度

c1 相较于以往的住房，您选择保障性租赁住房主要的原因是（最多选三项）	① 租金低于市场价 ② 租约稳定 ③ 居住环境安全 ④ 物业管理到位 ⑤ 房屋质量较好 ⑥ 生活配套设施齐全 ⑦ 工作通勤时间短 ⑧ 其他，请说明
c2 您对保障性租赁住房的运行机制是否满意	① 非常满意 ② 比较满意 ③ 一般 ④ 不太满意 ⑤ 非常不满意
c3 您对运行机制不够满意的原因（c2 中选③④⑤的填写，不定项选择）	① 信息不够公开透明 ② 从申请到入住的时间较长 ③ 分配结果不够公平 ④ 性价不合理（分配面积与租金） ⑤ 申请流程过长 ⑥ 退出机制不合理（租期较短、条件不符、工作变动等） ⑦ 租金相对其他保障类租赁住房较高 ⑧ 其他，请说明
c4 您对保障性租赁住房的居住品质是否满意	① 非常满意 ② 比较满意 ③ 一般 ④ 不太满意 ⑤ 非常不满意
c5 您对居住品质不够满意的原因（c4 中选③④⑤的填写，不定项选择）	① 房屋自身质量一般 ② 户型设计与装修等不够合理 ③ 居住环境不够安全 ④ 房源区位相对偏远 ⑤ 周边配套设施不足（商业、轨交、文娱设施等） ⑥ 社区及物业管理服务缺乏 ⑦ 休闲娱乐设施不足 ⑧ 无法使用煤气 ⑨ 其他，请说明
c6 您认为当前的保障性租赁住房政策对您住房方面的帮助是（不定项选择）	① 解决了阶段性的住房问题 ② 缓解了租金压力 ③ 对选择留在本市或本区工作起到关键性作用 ④ 说不清楚 ⑤ 其他，请说明

D 住房政策重要性及满意度调查

d1 您认为上海住房政策对您选择定居上海的重要程度	① 不重要 ② 不太重要 ③ 一般重要 ④ 比较重要 ⑤ 非常重要
d2 请将以下住房政策按对您选择定居上海的重要程排序（多选，最多选三项）	① 商品住房购房政策 ② 租赁住房政策 ③ 保障房政策 ④ 住房公积金政策 ⑤ 人才住房政策

d3. 请您分别对以下指标的重要性和满意度进行打分：【5分最高，代表认为非常重要或非常满意；1分最低，代表认为完全不重要或非常不满意】

类型	内容	重要性（高→低）					满意度（高→低）				
	（1）整体住房政策	5	4	3	2	1	5	4	3	2	1
	（2）商品住房购房政策	5	4	3	2	1	5	4	3	2	1
商品住房购房政策	房源供给	5	4	3	2	1	5	4	3	2	1
	质量监管	5	4	3	2	1	5	4	3	2	1
	价格监管	5	4	3	2	1	5	4	3	2	1
	限购政策	5	4	3	2	1	5	4	3	2	1
	限售政策	5	4	3	2	1	5	4	3	2	1
	商业贷款政策	5	4	3	2	1	5	4	3	2	1
	交易环节（税收、流程）	5	4	3	2	1	5	4	3	2	1

续表

类型	内容	重要性（高→低）					满意度（高→低）				
	（3）租赁住房政策	5	4	3	2	1	5	4	3	2	1
租赁住房政策	房源供给	5	4	3	2	1	5	4	3	2	1
	质量监管	5	4	3	2	1	5	4	3	2	1
	价格监管	5	4	3	2	1	5	4	3	2	1
	培育专业化租赁企业	5	4	3	2	1	5	4	3	2	1
	支持长租公寓发展	5	4	3	2	1	5	4	3	2	1
	规范中介机构	5	4	3	2	1	5	4	3	2	1
	（4）保障房政策	5	4	3	2	1	5	4	3	2	1
保障房政策	房源供给	5	4	3	2	1	5	4	3	2	1
	政策信息公开	5	4	3	2	1	5	4	3	2	1
	准入条件	5	4	3	2	1	5	4	3	2	1
	性价合理	5	4	3	2	1	5	4	3	2	1
	退出机制（保障年限等）	5	4	3	2	1	5	4	3	2	1
	物业服务	5	4	3	2	1	5	4	3	2	1
	政府监管	5	4	3	2	1	5	4	3	2	1
	（5）住房公积金政策	5	4	3	2	1	5	4	3	2	1
住房公积金政策	租房支持	5	4	3	2	1	5	4	3	2	1
	购房支持	5	4	3	2	1	5	4	3	2	1
	加装电梯等居住条件改善支持	5	4	3	2	1	5	4	3	2	1
	（6）人才住房政策	5	4	3	2	1	5	4	3	2	1

E 住房需求及政策完善设想

e1 您家近五年内在本市的住房需求意向是		① 计划换租　② 计划购房　③ 有可能换租或购房 ④ 维持现状（继续居住或租住在当前住房）
租赁住房 （e1题中选① ③的填写）	e2 您计划的租房来源是	① 个人出租的住房　② 市场化机构出租的住房　③ 低于市场租金的保障类租赁住房（保障性租赁住房、公租房、单位租赁房等）　④ 其他，请说明_____
	e3 您计划租房的区域是	① 黄浦　② 徐汇　③ 长宁　④ 静安　⑤ 普陀　⑥ 虹口　⑦ 杨浦 ⑧ 闵行　⑨ 宝山　⑩ 嘉定　⑪ 浦东新区　⑫ 金山　⑬ 松江 ⑭ 青浦　⑮ 奉贤　⑯ 崇明　⑰ 不确定
	e4 您首选的付租金方式是	① 普通支付　② 利用公积金支付全部房租　③ 利用公积金支付部分房租　④ 其他（请填写）

续表

租赁住房 （e1题中选① ③的填写）	e5 您认为哪些政策对满足您的租房需求比较有帮助？（最多选三项）	① 加大低于市场租金的保障类租赁住房供应　② 鼓励专业机构提供长租公寓　③ 规范小业主出租房源　④ 房源信息公开透明　⑤ 房屋质量和维修服务监管　⑥ 租期稳定　⑦ 租金管控　⑧ 其他，请说明_____
购房政策 （e1题中选② ③的填写）	e6 您计划购房的目的是	① 刚需（首次购房）　② 第二次购房，改善居住条件　③ 结婚、子女上学等原因　④ 投资　⑤ 其他，请说明____
	e7 您计划购买哪种住房	① 新建商品房（现房）　② 新建商品房（期房）　③ 二手商品房　④ 新房和二手房都可以　⑤ 共有产权保障房　⑥ 其他，请说明_____
	e8 您计划购房的区域是	① 黄浦　② 徐汇　③ 长宁　④ 静安　⑤ 普陀　⑥ 虹口　⑦ 杨浦　⑧ 闵行　⑨ 宝山　⑩ 嘉定　⑪ 浦东新区　⑫ 金山　⑬ 松江　⑭ 青浦　⑮ 奉贤　⑯ 崇明　⑰ 不确定
	e9 您首选的付款方式是	① 一次性付款　② 公积金贷款　③ 商业贷款　④ 商业贷款+公积金
	e10 您认为哪些政策对满足您的购房需求比较有帮助？（最多选三项）	① 加强商品房质量监管　② 放宽限购和限售政策　③ 加大共有产权保障房等保障类产权住房供应　④ 税收优惠　⑤ 交易流程优化（带押过户等）　⑥ 规范中介机构　⑦ 加大商品房供应规模　⑧ 加大住房信贷支持力度　⑨ 现房销售制度　⑩ 其他，请说明_____
	e11 您认为住房信贷制度如何进一步支持住房需求？（e10选⑧的填写）	① 放宽贷款审批标准　② 降低首付比例　③ 降低利率　④ 优化住房信贷流程　⑤ 其他，请说明_____
保障房政策 （e2选③或e7 选⑤的填写）	e12 您认为哪些政策对满足您的住房需求比较有帮助？（最多选三项）	① 增加保障房的数量　② 提高房屋质量　③ 降低租赁或购房价格　④ 放宽准入条件　⑤ 强化物业服务　⑥ 申请和轮候流程简化　⑦ 延长居住年限　⑧ 加强监管　⑨ 其他，请说明_____
人才住房政策	e13 您认为哪些政策对满足您的住房需求比较有帮助？（最多选三项）	① 租房补贴　② 购房补贴　③ 用人单位支持减轻首付压力（提供无息或低息贷款支持）　④ 放宽限购资格（缩短社保年限等）　⑤ 新房摇号积分加分　⑥ 租、购税收优惠　⑦ 加大保障房供给　⑧ 加大人才购房信贷支持力度　⑨ 银行首付高储蓄产品支持　⑩ 人才住房政策信息公开　⑪ 放宽人才认定标准　⑫ 其他，请说明_____
e14 您对本市房地产市场的其他看法（开放题，可选答）		

附件二 一线工作人员保障性租赁住房需求调查问卷

尊敬的用工单位和职工朋友们：

您好！为了解一线工作人员的居住现状以及保障性租赁住房需求相关情况，为进一步优化完善相关政策提供有价值的意见，特开展此次调查。请您抽出宝贵的时间填写下列问卷，相关信息我们将严格保密，谢谢您的合作！

1. 您的身份是	□ 企业相关负责人
	□ 一线工作人员
2. 您的单位所属行业	填写"外卖"或其他行业名称_____
3. 您的单位名称是	_____
第1题选择"企业相关负责人"的作答第4～13题	
4. 您的联系方式	姓名_____；职务_____；联系电话_____
5. 您的企业一线工作人员性别结构	男性：_____人；女性：_____人
6. 您的企业一线工作人员年龄结构	青年人（18～40岁）_____人； 中年人（41～65岁）_____人； 老年人（66岁以上）_____
7. 您的企业一线工作人员受教育程度结构	初中及以下_____人； 高中/中专/职高技校_____人； 大专_____人； 本科_____人； 硕士及以上_____人
8. 您的企业一线工作人员薪金水平结构	5000元/月及以下_____人； 5000～10000元/月_____人； 10000元/月以上_____人
9. 您的企业一线工作人员婚姻状况结构	未婚_____人； 已婚_____人； 其他（离异等）_____人

续表

10. 企业如何解决一线工作人员住宿问题（可多选）	□ 企业提供
	□ 员工自行解决
10-1 企业为一线工作人员提供住宿，为每人每月支付的住宿成本是（第10题选"企业提供"的填写）	□ 500元/月及以下
	□ 500~1000元/月
	□ 1000~2000元/月
	□ 2000元/月以上
	□ 员工完全自付
10-2 一线工作人员自行解决住宿，企业给每人每月的住宿补贴费用是（第10题选"员工自行解决"的填写）	□ 无
	□ 300元/月及以下
	□ 300~500元/月
	□ 500~1000元/月
	□ 1000元/月以上
11. 若租住保障性租赁住房，企业希望承租的房型是（可多选）	□ 四人间
	□ 二人间
	□ 单间
	□ 家庭套间
12. 企业承租保障性租赁住房，能为每人每月承受的最高租金价格是	_____元/月
13. 企业承租保障性租赁住房，最担心的问题是	
第1题选择"一线工作人员"的作答第14~20题	
14. 您的现居住住房的来源	□ 企业提供
	□ 自行租赁
	□ 自行租赁＋单位补贴
	□ 自行购房
14-1 自行租赁住房，单位给每人每月补贴费用是（第14题选"自行租赁＋单位补贴"的填写）	□ 300元/月及以下
	□ 300~500元/月
	□ 500~1000元/月
	□ 1000元/月以上
14-2 您的月租金水平（第14题选"企业提供""自行租赁""自行租赁＋单位补贴"的填写）	□ 500元/月及以下
	□ 500~1000元/月
	□ 1000~2000元/月
	□ 2000元/月以上

续表

15. 您的现状住房建筑面积	□ 30m² 及以下
	□ 30～60m²
	□ 60m² 以上
16. 您目前的租住方式（第14题选"企业提供""自行租赁""自行租＋单位补贴"的填写）	□ 家庭整租
	□ 个人整租
	□ 与人合租
17. 您目前居住人数	□ 1人
	□ 2人
	□ 3人
	□ 4人
	□ 5人及以上
18. 您目前的通勤时间	□ 10分钟以内
	□ 10～30分钟
	□ 30～60分钟
	□ 60分钟以上
19. 您对现状居住的满意度	□ 满意
	□ 不满意
19-1 您对现状居住不满意的原因是（第19题选"不满意"的填写，可多选）	□ 居住拥挤
	□ 住宿费用高
	□ 缺少厨卫设施
	□ 缺少交通、超市等配套设施
	□ 距离工作地远
	□ 居住环境差
	□ 其他
20. 您是否愿意租住保障性租赁住房	□ 愿意
	□ 不愿意
20-1 您不愿意租住保障性租赁住房的原因是（第20题选"不愿意"的填写）	_____
20-2 若租住保障性租赁住房，您想住几人间（第20题选"愿意"的填写）	□ 四人间
	□ 二人间
	□ 单间
	□ 家庭套间

续表

20-3 若租住保障性租赁住房,您可承受的最高租金是(第20题选"愿意"的填写)	_____元/月
20-4 若租住保障性租赁住房,您能接受的最长通勤时间是(第20题选"愿意"的填写)	_____分钟以内
20-5 您认为保障性租赁住房最需要哪类配套设施(第20题选"愿意"的填写)	□ 超市、菜场、餐饮等便民商业设施 □ 物业服务站、党群服务站等社区管理配套设施 □ 卫生站、诊所、药店等医卫设施 □ 放映室、阅览室等文化设施 □ 法律服务咨询站 □ 独立卫浴 □ 其他设施
20-6 对于入住保障性租赁住房,您所担心的其他问题(第20题选"愿意"的填写)	

附件三　重点产业人才保障性租赁住房需求调查问卷

尊敬的女士/先生：

　　本问卷旨在了解重点产业人才的居住现状、保障性租赁住房相关需求以及对住房政策的满意程度，为进一步优化完善相关政策提供有价值的意见。本问卷所获信息仅作科研之用，希望您能够客观真实地填写问卷。

A　基 本 信 息

a1　性别	① 男　② 女
a2　您的年龄（周岁）	填写整数，值域 16～65 岁
a3　您在本市是否就业（包括灵活就业）（选②结束问卷）	① 是　② 否
a4　您所处的行业领域是	① 国际经济　② 金融　③ 贸易　④ 航运　⑤ 科技创新　⑥ 其他，请说明＿＿＿
a5　您当前的就业类型	① 国家机关和事业单位　② 国有企业　③ 城镇集体企业　④ 外商投资企业　⑤ 城镇私营企业及其他城镇企业　⑥ 民办非企业单位和社会团体　⑦ 灵活就业人员（个体工商户和自由职业者）　⑧ 其他（请填写）
a6　您所在单位的用人规模	① 20 人以下　② 20～300 人　③ 300～1000 人　④ 1000 人以上
a7　个人的平均月收入（税后）	① 3500 元以下　② 3500～5000 元　③ 5000～6500 元　④ 6500～8000 元　⑤ 8000～10000 元　⑥ 10000 元以上
a8　您的户籍所在地	① 非沪籍　② 沪籍
a8-1　您已落户上海多少年（a8 选②的填写）	① 3 年及以下　② 3～5 年　③ 5 年以上
a9　您是否缴存了住房公积金	① 是　② 否
a10　您的学历	① 高中/中专/职高技校及以下　② 大专　③ 本科　④ 硕士　⑤ 博士
a11　您的婚育状况	① 已婚已育　② 已婚未育　③ 单身（包括未婚或离异）
a12　您是否有国家职业资格证书或技能等级认定证书	① 无　② 有

续表

a12-1 您的国家职业资格证书或技能等级认定证书是（a12题中选②的填写）	① 国家二级及以上职业资格证书或技能等级认定证书（技师/高级技师，等同于中级工程师/高级工程师） ② 国家三级及以下职业资格 ③ 其他
a13 您是否符合市或单位所在区的人才标准	① 是 ② 否 ③ 不清楚
a13-1 您属于哪类人才（a13选①的填写）	① 创新创业人才（"杰出青年基金""科技精英""学科带头人""曙光计划""百人计划"、创业人才等） ② 现代服务业人才（金融、航运、贸易等） ③ 高新技术人才 ④ 社会事业领域人才（文化、教育、卫生） ⑤ 高技能人才 ⑥ 高层次人才团队配套性服务人员 ⑦ 其他，请说明_____
a14 您的工作所在区域	① 黄浦 ② 徐汇 ③ 长宁 ④ 静安 ⑤ 普陀 ⑥ 虹口 ⑦ 杨浦 ⑧ 闵行 ⑨ 宝山 ⑩ 嘉定 ⑪ 浦东新区 ⑫ 金山 ⑬ 松江 ⑭ 青浦 ⑮ 奉贤 ⑯ 崇明 ⑰ 不确定

B 居 住 现 状

b1 您家在本市住房的主要解决方式		① 自有住房 ② 租赁住房（有偿租住） ③ 其他（如单位无偿提供住房、无偿借住亲友住房等）
租房（b1题中选②租赁住房的回答）	b2 您的住房来源是	① 市场化租赁住房 ② 保障类租赁住房（廉租房、公租房、保障性租赁住房等） ③ 宅基地建房、农民集资建房 ④ 单位宿舍 ⑤ 其他，请说明_____
	b3 您具体租住的是（a10选③、④、⑤，或a12-1选①或a13选①，且b2选②的填写，最多选2项）	① 公租房 ② 保障性租赁住房 ③ 人才公寓 ④ 廉租房 ⑤ 单位租赁房 ⑥ 其他，请说明_____
	b3 每月租金支出占家庭月平均税后收入的比例	① 15%以下 ② 15%~30% ③ 30%~45% ④ 45%~60% ⑤ 60%~75% ⑥ 75%以上
	b4 您是否使用住房公积金支付租金	① 不是 ② 是，住房公积金占房租比例为____%
	b5 您对居住现状是否满意	① 非常满意 ② 满意 ③ 一般 ④ 不满意 ⑤ 非常不满意
	b6 您的租房痛点是（b5选③④⑤的填写）（多选，最多选三项）	① 房租过高 ② 虚假房源信息多 ③ 工作不稳定导致更换住处 ④ 租期不稳定 ⑤ 租金涨幅大 ⑥ 房屋维修、装修等难度大 ⑦ 物业管理、社区治理水平低 ⑧ 与房东、中介、物业服务企业沟通难 ⑨ 其他，请说明_____
b7 您现居住住房满足需求的程度？（1~5分，表示从十分不满足－十分满足）		① 1分 ② 2分 ③ 3分 ④ 4分 ⑤ 5分
b7-1 现居住住房未充分满足需求的原因（b7中选①②③的填写，最多选三项）		① 住房面积太小 ② 户型结构不合理 ③ 通勤时间长 ④ 房屋质量差 ⑤ 社区配套设施不完善（如医疗、教育、菜场、超市、养老设施） ⑥ 社区环境差 ⑦ 交通不便利 ⑧ 停车难 ⑨ 其他，请说明_____

C 保障性租赁住房满意度

c1 相较于以往的住房，您选择保障性租赁住房主要的原因是（最多选三项）	① 租金低于市场价 ② 租约稳定 ③ 居住环境安全 ④ 物业管理到位 ⑤ 房屋质量较好 ⑥ 生活配套设施齐全 ⑦ 工作通勤时间短 ⑧ 其他，请说明_____
c2 您对保障性租赁住房的运行机制是否满意	① 非常满意 ② 比较满意 ③ 一般 ④ 不太满意 ⑤ 非常不满意
c3 您对运行机制不够满意的原因（c2 中选③④⑤的填写，不定项选择）	① 信息不够公开透明 ② 从申请到入住的时间较长 ③ 分配结果不够公平 ④ 性价不合理（分配面积与租金） ⑤ 申请流程过长 ⑥ 退出机制不合理（租期较短、条件不符、工作变动等） ⑦ 租金相对其他保障类租赁住房较高 ⑧ 其他，请说明_____
c4 您对保障性租赁住房的居住品质是否满意	① 非常满意 ② 比较满意 ③ 一般 ④ 不太满意 ⑤ 非常不满意
c5 您对居住品质不够满意的原因（c4 中选③④⑤的填写，不定项选择）	① 房屋自身质量一般 ② 户型设计与装修等不够合理 ③ 居住环境不够安全 ④ 房源区位相对偏远 ⑤ 周边配套设施不足（商业、轨交、文娱设施等） ⑥ 社区及物业管理服务缺乏 ⑦ 休闲娱乐设施不足 ⑧ 无法使用煤气 ⑨ 其他，请说明_____
c6 您认为当前的保障性租赁住房政策对您住房方面的帮助是（不定项选择）	① 解决了阶段性的住房问题 ② 缓解了租金压力 ③ 对选择留在本市或本区工作起到关键性作用 ④ 说不清楚 ⑤ 其他，请说明_____

D 保障性租赁住房型人才安居租赁住房需求

d1 您近期是否有租住保障性租赁住房的需求	① 有需求 ② 没有需求 ③ 不确定
d2 您不选择居住保障性租赁住房的原因是（d1 选②或③的人填写）	① 租金价格相对较高 ② 不知道如何申请，不了解保障性租赁住房政策 ③ 区位较远，通勤时间过长 ④ 周边配套较少 ⑤ 轮候时间过长 ⑥ 户型设计不合理 ⑦ 其他，请说明_____
（以下问题，d1 选①的填写）	
d3 您希望租住保障性租赁住房的主要原因是（最多选三项）	① 房屋质量好 ② 社区环境良好 ③ 邻近轨交站点 ④ 物业管理、社区治理到位 ⑤ 周边配套设施齐全 ⑥ 户型选择多样 ⑦ 邻近工作单位 ⑧ 租金较市场化住房便宜 ⑨ 其他，请说明_____
d4 您希望租住的区位是	① 内环内 ② 内中环 ③ 中外环 ④ 外郊环
d5 您希望租住房源离最近的轨交站点距离约为（d3 中选③的填写）	① 小于 600 米 ② 600～1000 米 ③ 1～1.5 公里 ④ 1.5～2 公里 ⑤ 2 公里范围内无轨交站点
d6 您希望在管理方面提供哪些具体服务（最多选三项，d3 中选④的填写）	① 入户卫生清洁服务 ② 小区内提供休闲娱乐场所 ③ 门卫、监控等安全保障服务 ④ 绿化养护等服务 ⑤ 公共洗衣间 ⑥ 餐饮配套 ⑦ 其他，请说明 ⑧ 以上服务均不需要
d7 您希望周边增加哪类配套设施（最多选三项，d3 中选⑤的填写）	① 菜场、商超等生活服务类设施 ② 学校等教育类设施 ③ 公园等文体设施 ④ 医院等医疗类设施 ⑤ 银行等金融类设施 ⑥ 其他，请说明_____
d8 您希望租住的户型是（d3 中选⑥的填写）	① 一室户 ② 两室户 ③ 三室及以上 ④ 其他，请说明_____

续表

d9 您希望租住的面积是	① 40m² 以下　② 40~50m²　③ 50~60m²　④ 60~70m² ⑤ 70~80m²　⑥ 80~90m²　⑦ 90~100m²　⑧ 100m² 及以上
d10 您希望的租住方式是	① 整租一套房　② 与他人合租，租住其中一间房　③ 与他人合租，租住一张床即可　④ 其他，请说明_____
d11 您能接受的最长轮候时间是（从申请到分配入住的时间）	① 1 年内　② 1~2 年　③ 2 年及以上　④ 不接受轮候　⑤ 不确定
d12 您计划租住多长时间	① 1 年内　② 1~2 年　③ 2~4 年　④ 4~6 年　⑤ 6 年及以上 ⑥ 不确定
d13 您租住保障性租赁住房可接受的最长单程通勤时间	① 0.5 小时以内　② 0.5~1 小时　③ 1~1.5 小时　④ 1.5~2 小时 ⑤ 2 小时以上
d14 您可接受的个人承担的最高月租金为	① 2000 元以下　② 2000~3000 元　③ 3000~4000 元 ④ 4000~5000 元　⑤ 5000~6000 元　⑥ 6000~7000 元 ⑦ 7000~8000 元　⑧ 8000 元以上
d15 您认为当前保障性租赁住房哪些方面存在进一步完善的地方？（不定项）	① 提高人才保障性租赁住房租金补贴标准　② 增加人才保障性租赁住房的供应规模　③ 优化人才保障性租赁住房区位　④ 完善保障性租赁住房多样化户型设计　⑤ 增加人才保障性租赁住房周边配套 ⑥ 其他，请说明_____

E　住房政策重要性及满意度调查

e1 您认为上海住房政策对您选择定居上海的重要程度	① 不重要　② 不太重要　③ 一般重要　④ 比较重要　⑤ 非常重要
e2 请将以下住房政策按对您选择定居上海的重要程度排序（多选，最多选三项）	① 商品住房购房政策　② 租赁住房政策　③ 保障类住房政策 ④ 住房公积金政策　⑤ 人才住房政策

e3. 请您分别对以下指标的重要性和满意度进行打分：【5 分最高，代表认为非常重要或非常满意；1 分最低，代表认为完全不重要或非常不满意】

类型	内容	重要性（高→低）					满意度（高→低）				
	（1）整体住房政策	5	4	3	2	1	5	4	3	2	1
	（2）租赁住房政策	5	4	3	2	1	5	4	3	2	1
租赁住房政策	房源供给	5	4	3	2	1	5	4	3	2	1
	质量监管	5	4	3	2	1	5	4	3	2	1
	价格监管	5	4	3	2	1	5	4	3	2	1
	培育专业化租赁企业	5	4	3	2	1	5	4	3	2	1
	支持长租公寓发展	5	4	3	2	1	5	4	3	2	1
	规范中介机构	5	4	3	2	1	5	4	3	2	1

续表

类型	内容	重要性（高→低）					满意度（高→低）				
	（3）保障类住房政策	5	4	3	2	1	5	4	3	2	1
保障类住房政策	房源供给	5	4	3	2	1	5	4	3	2	1
	政策信息公开	5	4	3	2	1	5	4	3	2	1
	准入条件	5	4	3	2	1	5	4	3	2	1
	性价合理	5	4	3	2	1	5	4	3	2	1
	退出机制（保障年限等）	5	4	3	2	1	5	4	3	2	1
	物业服务	5	4	3	2	1	5	4	3	2	1
	政府监管	5	4	3	2	1	5	4	3	2	1
	（4）人才住房政策	5	4	3	2	1	5	4	3	2	1

参 考 文 献

[1] Anne Laferrère, David Le Blanc. How do housing allowances affect rents? An empirical analysis of the French case [J]. Journal of Housing Economics, 2004, 13(1): 1-67.

[2] Apgar WC. Applications of Annual Housing Survey Datain Local Policy Planning [M]. 1980.

[3] Arimah B. The Determinants of Housing Tenure Choice in Ibadan, Nigeria [J]. UrbanStudies, 1997, 34(1): 105-124.

[4] Arnott RJ, Braid RM, Davidson R, etal Ageneral equilibrium spatial model of housing quality and quantity [J]. Regional Scienceand Urban Economics, 1999.

[5] Arthur O, Sullivan. Urban economics [M]. 2003.

[6] Bloom ND. Learning from New York: America's alternative high-rise public housing model [J]. Journal of the American Planning Association, 2012, 78(4): 418-431.

[7] Boléat, M. National Housing Finance Systems A Comparative Study [M]. Croom Helm. 1985.

[8] Burke, Terry, Caroline Neske, Liss Ralston. Entering rental housing [M]. 2004.

[9] Deng L. Which housing policies are best? An assessment of the efficiency and equity advantages of Low-Income Housing Tax Credit program versus voucher program [J]. 2004.

[10] Niall Ferguson. The ascent of Money: A Financial History of the world [M]. Penguin Books, 2019.

[11] Gabriel M, Jacobs K, Arthurson K, Burke T and Yates J. Conceptualising and measuring the housing affordability problem, National Research Venture 3: Housing affordability for lower income Australians Research Paper No. 1 [M]. Australian Housing and Urban Research Institute, 2005.

[12] Gilbert, A. Does Developmental Washington really influence housing policy in latin america?

[13] Gina Cristina Banica, Cornelia Parlog. The system of house financing in Romania [J]. Theoretical and Empirical Researches in Urban Management. 2007, (2): 2.

[14] Goetz E G. The transformation of public housing policy, 1985-2011 [J]. Journal of the American Planning Association, 2012,78(4): 452-463.

[15] Gurran N, Milligan V, Baker Dand Bugg L. International Practice in Planning for Affordable

Housing: Lessons for Australia. Positioning Paper [M].Australian Housing and Urban Research Institute, Sydney. 2007.

[16] Gyourko J, Linneman P. Equity and efficiency aspects of rent control: an empirical study of New York city [J]. Journal of Urban Economics, 1989, 26(1): 54-74.

[17] Gyourko J. The Government's Over leveraged Housing Bet [J].

[18] Horita Y. Local authority housing policy in Japan: is it secure to function as safety net? [M]. Housing Finance International, 2006: 36-42.

[19] Howard. E. Garden Cities of Tomorrow [M]. London, 1902.

[20] Hsiao, H. Transformation and issues of public housing policies facing aging society: Case review of Osaka City, Japan [J]. Japan Architectural Review. 2021, 4(1), 5-13.

[21] James C. Ohls. Public police toward low income housing and filtering in housing markets [J]. Journal of Urban Economics, 1975.

[22] Jang, Miseon, et al. Housing satisfaction and improvement demand considering housing lifestyles of young residents in public rental housing [J]. Journal of Asian Architecture and Building Engineering, 2023: 1-16.

[23] Jones C, Murie A. The Right to Buy: Analysis & Evaluation of a Housing Policy [M]. Blackwell Publishing, 2006.

[24] Jung Hye Lee, Hwwjong Kwag. A Study on Factors Influencing Move-in of Youth Householders into Public Rental Housing [J]. 2022, 4(30): 31-55.

[25] Kadowaki K, Fukao S, Tsuyoshi A. Regeneration with dwelling unit enlargement of public housing in Japan [J]. Proc Conf CIB,2005, 30(2): 49-58.

[26] Kenneth E Train. Discrete Choice Methods with Simulation [M]. Cambridge University Press, 2003: 138-139，151-154.

[27] Malpass P, Victory C. The modernization of social housing in England [J]. International Journal of Housing Policy, 2010, 10(1): 3-18.

[28] Malpezzi S, Tipple A.G, Willis K.G. Costs and benefits of rent control: a case study in Kumasi, Ghana [M]. World Bank-Discussion Papers, 1990.

[29] Maslow A H, A theory of human motivation Psychological Review [M]. 1943.

[30] Mcclure K. The Low-Income Housing Tax Credit Program goes mainstream and moves to the suburbs [M]. 2006.

[31] Mills ES. An aggregative model of resource allocation in a metropolitan area [J]. The American Economic Review, 1967, 57(2): 197-210.

[32] Mumford. The Urban Prospect [J]. Harcourt, Braceand World. New York, 2018(07): 8-13.

[33] Saarinen E. The City: Its Growth, Its Decay, Its Future [M]. New York: Reinhold Publishing

Corporation, 1945.

［34］Scanlon, Kathleen, Christine Whitehead, Melissa Fernández Arrigoitia, eds. Social housing in Europe [M]. John Wiley & Sons, 2014.

［35］Zainun N. Y, Roslan N, Memon A. H. Assessing Low-Cost Housing Demand in Melaka: PLS-SEM Approach [J]. Advanced Materials Research, 2013: 838-841, 3156-3162.

［36］本刊评论员．推进长租房市场健康发展［J］．上海房地，2023，（05）：1.

［37］本刊特约记者．亲历上海住房制度改革——纪念改革开放40年深化上海住房制度改革座谈会侧记［J］．上海房地，2018（06）：2-4.

［38］庇古．福利经济学［M］．金镝，译．中国香港：华夏出版社，2007.

［39］卞文志．保障性租赁住房，让新市民住有所居［J］．城市开发，2021（14）：46-47.

［40］曹金彪．加快发展保障性租赁住房促进大城市住房困难群体实现"安居梦"——专访住房和城乡建设部住房保障司司长曹金彪［J］．城乡建设，2021（15）：7-13.

［41］曾心懿，钟信敏．基于ISM法外来人口对公租房需求影响因素研究——以上海为例［J］．价值工程，2023，42（01）：158-160.

［42］曾珍，邱道持，李凤，等．大学毕业生公租房消费意愿及其影响因素研究——基于重庆市的实证研究［J］．西南大学学报（自然科学版），2012，34（10）：124-130.

［43］陈杰，陈敬安．保障性租赁住房的战略意义与发展难题破解［C］//中国房地产估价师与房地产经纪人学会，中国建设报社，建信住房服务有限责任公司．规范发展与最佳实践——中国住房租赁发展论坛论文集．上海交通大学住房与城乡建设研究中心，2023：8.

［44］陈琳，杜海涛，谭建辉，周耀旭．基于Logistic回归模型的外来务工人员住房保障意愿研究——来自广东佛山的实证分析［J］．广州大学学报（社会科学版），2018，17（02）：75-82.

［45］陈萍．上海市保障性租赁住房供应情况简析［J］．上海房地，2023（09）：7-9.

［46］陈星蓉，李世美，李杨，罗苑菲，宋婉甄．新发展格局下中国保障房的制度创新路径研究［J］．社会科学前沿，2023，12（02）：540-550.

［47］池宇杭．南京青年人才租赁住房满意度及其影响因素研究［J］．上海房地，2021（01）：34-40.

［48］邓宏乾，柯峰．影响公租房需求因素的Logistic回归分析［J］．统计与决策，2014（14）：100-103.

［49］傅益人．上海住房保障政策发展分析［J］．上海房地，2018（07）：9-12.

［50］郭敏．我国超大城市新就业大学生的住房保障研究［D］．上海：上海工程技术大学，2020.

［51］何亚娜．保障性租赁住房需求意愿及影响因素研究——以济南市为例［D］．太原：山西财经大学，2023.

［52］何燕山．新市民家庭人口结构对保障房需求的影响研究［D］．广州：广州大学，2021.

[53] 胡川宁. 住房保障法律制度研究［M］. 北京：法律出版社，2016：45-78.

[54] 黄玉屏，张曼. 居民家庭收入、住房租购与住房消费选择研究［J］. 湘潭大学学报（哲学社会科学版），2018，42（02）：94-98.

[55] 金浩然. 保障性租赁住房的定位、基础、难点和建议［J］. 团结，2021（05）：15-17.

[56] 李斌，任津汝，张所地. 婚配竞争压力对家庭住房消费行为的驱动研究——对"婚房竞争"现象的透视［J］. 消费经济，2022，38（01）：83-96.

[57] 李斌，张越，张所地. 适婚人群性别失配背景下的婚姻挤压与住房市场——基于空间异质与空间溢出两个维度［J］. 经济与管理，2022，36（06）：67-76.

[58] 李成刚. 构建融资长效机制，推动保障性租赁住房发展［J］. 中国经济时报，2022（2）：1-2.

[59] 李东. 保障性租赁住房的政策与效用分析［J］. 上海房地，2021（11）：6-10.

[60] 李国栋. 青年人才住房租购选择影响因素研究［D］. 南昌：江西财经大学，2019.

[61] 李奇会，周伟忠，孙莉. 保障性租赁住房建设面临的挑战及对策研究［J］. 建筑经济，2021（12）：13-19.

[62] 李甜，宋彦，黄一如. 美国混合住区发展建设模式研究及其启示［J］. 国际城市规划，2015（5）：83-90.

[63] 李宇嘉. 楼市"新物种"——保障性租赁住房［J］. 城市开发，2021（14）：43-45.

[64] 李雨. 北京市新市民租房选择影响因素与保障机制研究［D］. 北京：北京建筑大学，2021.

[65] 李长安，刘娜. 多措共举破解"新市民"住房难［J］. 人民论坛，2019（19）：78-79.

[66] 李兆允. 解决"大学生蚁族"住房保障问题的公租房供给研究——基于马斯洛需求层次理论［J］. 价值工程，2016，35（21）：230-233.

[67] 李紫薇. 基于感知价值的新筹集保障性租赁住房区位选址分析［D］. 西安：西安建筑科技大学，2022.

[68] 林家兴，陈彦仲. 台湾年轻家户之住宅权属选择［M］. //中华民国住宅学会第12届年会论文集. 2003：148-163.

[69] 刘望保，侯长营. 国内外城市居民职住空间关系研究进展和展望［J］. 人文地理，2018（04）：7-12.

[70] 刘晓君，张丽. 居民对公租房社区人居环境感知与居住意愿研究——以西安市为例［J］. 现代城市研究，2018（07）：114-123.

[71] 刘学成. 新型城镇化背景下新市民身份认同研究［D］. 北京：首都师范大学，2014.

[72] 楼建波. 中国住房保障法律制度：路径依赖与创新［M］. 北京：北京大学出版社，2022：40-42.

[73] 路征，杨宇程，赵唯奇. 城市外来务工人员公租房需求与影响因素分析——基于成都外来务工人员的调查［J］. 湖南农业大学学报（社会科学版），2016，17（04）：85-95.

［74］罗洪铁. 人才学原理［M］. 2版. 四川人民出版社，2006：5.

［75］罗忆宁. 住房政策对我国居民租购选择的影响［D］. 北京：中国社会科学院研究生院，2018.

［76］吕萍，邱骏. 创新供地方式适应大城市保障性租赁住房建设［J］. 中国房地产，2021（33）：8-12.

［77］马秀莲，韩君实. 中国住房体系的代际和户籍分层及影响机制——基于CHFS2017数据的实证分析［J］. 社会学研究，2022，37（03）：23-44，226-227.

［78］牟玲玲，周晓冬，齐丹. 保障房需求的影响因素研究——以河北省为例［J］. 调研世界，2016（06）：41-44.

［79］倪虹. 以发展保障性租赁住房为突破口破解大城市住房突出问题［J］. 行政管理改革，2021（09）：44-49.

［80］秦颖，冯晓阳，宋少伟. 公共租赁住房入住率及其影响因素研究——基于北京市50个已配租入住公租房项目数据的分析［J］. 价格理论与实践，2021（03）：66-69.

［81］任荣荣，贺志浩. 多途径解决农业转移人口住房问题——基于2020年农民工问卷调查的分析［J］. 宏观经济管理，2022（04）：47-54.

［82］邵磊，谭远思，张婧. 从租赁住房需求看保障性租赁住房的发展策略［J］. 世界建筑，2022（07）：41-45.

［83］石浩，孟卫军. 基于社会公平的城市保障房空间布局策略研究［J］. 重庆交通大学学报（自然科学版），2013，32（01）：173-176.

［84］谭荣. 为保障性租赁住房做好土地政策支撑［J］. 中国土地，2022（09）：8-10.

［85］谭禹. 基于Logit模型的"蚁族"人群公租房申请意愿研究——来自广州市的调查数据［J］. 科技和产业，2019，19（01）：65-70.

［86］谭禹. 政策性住房金融支持保障性租赁住房发展研究［J］. 中国房地产，2021（21）：23-28.

［87］汪毅，何淼. 利用集体建设用地建设租赁住房的挑战与对策［J］. 中国土地，2021（08）：18-20.

［88］王春敏，孟超. 完善保障性租赁住房政策研究［J］. 中国房地产，2023（09）：30-37.

［89］王光国. 城市化过程中的问题与因应对策——厦门曾厝和黄厝两村调研报告［J］. 厦门科技，1999（06）：37-43.

［90］王桂梅. 保障性租赁住房运作模式及问题研究［J］. 住宅产业，2022（04）：10-14+32.

［91］王继源，胡国良. 发挥财政资金撬动作用，积极促进保障性租赁住房发展［J］. 中国发展观察，2022（06）：101-106.

［92］王建红. 保障性租赁住房：挑战与对策［J］. 中国房地产，2022（07）：28-32.

［93］王建红. 国内政策性租赁住房的内涵、问题与对策［J］. 房地产世界，2021（19）：16-19.

［94］王胜男. 我国城镇居民住房保障制度发展历程［J］. 经济与社会发展研究，2020（14）：20.

［95］王通讯. 人才学通论［M］. 天津：天津人民出版社，1985：8.

［96］王玮. 保障性租赁住房问题分析及实施路径探讨［J］. 中国房地产，2023（03）：45-51.

［97］王炜. 发展保障性租赁住房公募REITS的问题与建议［J］. 浙江经济，2021（12）：54-55.

［98］王晓光. 让住房制度改革成果惠及百姓［J］. 上海房地，2010（03）：4-7.

［99］王逸邈，李钱斐，王希冉. 积极探索解决城市建设和管理服务一线务工人员居住问题［N］. 中国建设报，2023（07）.

［100］王志成，阿南德，夏尔马，等. 美国住房保障制度导向启示［J］. 资源与人居环境，2017（12）：60-65.

［101］温博. 银行业支持保障性租赁住房建设的路径与举措［J］. 河北金融，2022（02）：13-17.

［102］吴鸿根. 改革开放30年：房管机构改革推动住房保障体系建设［J］. 上海房地，2008（12）：17-20.

［103］吴佳，周清雅. 上海市保障性租赁住房发展研究［J］. 上海房地，2023（08）：2-5.

［104］吴克强，郑涛. 都市中的农民合同工［J］. 望周刊，1986（49）：14-15.

［105］吴义东，王先柱. 青年群体住房租买选择及其购房压力研究［J］. 调研世界，2018，（04）：13-21.

［106］冼锡柱. 基于SH市实证的中小城市青年人住房满意度影响因素研究［D］. 广州：广州大学，2023.

［107］向云丰. 毛泽东民生思想研究——以新中国成立初期（1949－1959）上海市住房保障工作为考察个案［D］. 上海：华东师范大学，2022.

［108］肖艺. 我国住房保障制度发展脉络梳理［J］. 上海房地，2020（12）：6-11.

［109］谢海生，李怡晴. 新市民住房问题解决思路初探［J］. 中国房地产，2019（22）：13-16.

［110］邢燕婷，宋永发. 大连公租房需求方影响因素调查研究［J］. 工程管理学报，2013，27（03）：106-110.

［111］许璇. 新时期上海的外来人口与城市发展［J］. 上海党史与党建，2016（09）：17-19.

［112］严荣. 西方国家住房保障政策思路的演进脉络［J］. 中国房地产，2016（06）：27-34.

［113］严荣. 新市民、青年人住房"三元困境"与破解之策［J］. 中国房地产，2021（34）：36-37.

［114］阎婧，席枫，杨中. 房住不炒背景下青年住房租赁问题研究——以天津市为例［J］. 上海房地，2022（01）：40-43.

［115］杨巧，李仙. 家庭禀赋、住房选择与农民工迁移意愿［J］. 山西农业大学学报（社会科学版），2019，18（01）：62-70.

［116］杨文华，谭术魁. 农民工公租房需求意愿影响因素的实证分析［J］. 经济与管理，2011，25（11）：89-93.

［117］杨暄. 武汉市人才房供需问题及影响因素研究［D］. 武汉：湖北大学，2022.

［118］叶裕民、张理政、孙明、王洁晶. 破解城中村更新和新市民住房"孪生难题"的联动机制研究——以广州市为例［J］. 中国人民大学学报，2020（2）：14-28.

［119］叶忠海. 人才学基本原理［M］. 北京：蓝天出版社，2005：115.

［120］余仲华. 关于人才统计及其指标界定问题探析［J］. 中国卫生人才，2017（5）：14-17.

［121］俞振宁. 上海促进保障性租赁住房高质量发展的思路和举措［J］. 科学发展，2022（06）：101-106.

［122］虞钦. 新市民住房租购选择意愿研究［D］. 广州：广州大学，2021.

［123］张军涛，李想. 基于Logit模型的公共租赁住房消费意愿影响因素——以大连市为例［J］. 沈阳师范大学学报（社会科学版），2014，38（04）：1-5.

［124］张黎莉、李钱斐、竺珂星. 加快发展保障性租赁住房助力大城市新市民、青年人实现安家梦［N］. 中国建设报，2021-09-06.

［125］章雯芝，陈峰. 保障性租赁住房与公共租赁住房比较及启示［J］. 中国房地产，2022（13）：20-24.

［126］周华东，李艺，高玲玲. 住房公积金与家庭金融资产配置——来自中国家庭金融调查（CHFS）的证据［J］. 系统工程理论与实践，2022，42（06）：1560-1578.

［127］周松. 西安市保障房选址的影响因素研究［D］. 西安：西安建筑科技大学，2016.

［128］周旭明. 中国保障性租赁住房REITs的发展与建议［J］. 中国房地产，2022（30）：61-66.

［129］朱振亚，张小青，曾光. 新市民在城乡一体化进程中的粘合催化机制研究［J］. 农村经济，2012（03）：40-42.

［130］朱庄瑞. 大城市新市民住房产权形态及差异化治理路径研究——基于产权稳定性的视角［J］. 山东社会科学，2022（11）：162-168.